U0919196

好文章是“磨”出来的

许海清◎著

中共中央党校出版社
The Central Party School Publishing House

图书在版编目（CIP）数据

好文章是“磨”出来的——谈谈如何写好文章/许海清著．北京：中共中央党校出版社，2014.3（2020.8 重印）

ISBN 978-7-5035-5217-5

Ⅰ．好…　Ⅱ．许…　Ⅲ．汉语-写作-文集　Ⅳ．H15-53

中国版本图书馆 CIP 数据核字（2013）第 256993 号

好文章是“磨”出来的——谈谈如何写好文章

策划编辑　王　君
责任编辑　蔡锐华
版式设计　李　灵
责任校对　马　晶
责任印制　陈梦楠
出版发行　中共中央党校出版社
地　　址　北京市海淀区长春桥路 6 号
电　　话　（010）68922815（总编室）　（010）68922233（发行部）
传　　真　（010）68922814
经　　销　全国新华书店
印　　刷　北京盛通印刷股份有限公司
开　　本　700 毫米×1000 毫米　1/16
字　　数　152 千字
印　　张　10.75
版　　次　2014 年 3 月第 1 版　2020 年 8 月第 5 次印刷
定　　价　22.00 元

网　　址：www.dxcbs.net　**邮　　箱**：zydxcbs2018@163.com
微 信 ID：中共中央党校出版社　**新浪微博**：@党校出版社

目　录

文章千古事

我经常对人讲，中国是文章大国，很多人都很赞成。回首历史，自仓颉造字以降，中国以其丰厚的文化底蕴、不绝的文化传承，造就了灿若繁星的文章大家、浩如烟海的佳作名篇、科学系统的文章学理论，成为中华民族光辉灿烂文明史的重要组成部分，为世界文明的发展作出了独特贡献。

一

纵观历史，中国的文章大家、佳作名篇层出不穷。中国文章的起源可以一直追溯到远古时期的歌谣和神话传说，在据传为神农和尧舜时期的《蜡辞》《击壤歌》《康衢谣》《卿云歌》等歌谣中，已经出现单纯质朴的韵语。在甲骨文字和青铜器铭文中，开始出现用于记事的相当成熟的文字系统，标志着中国书面文章发展的萌芽。先秦时期，正式开启了中国书面文章的发展繁荣历程。从先秦的诸子百家，司马相如等汉赋大师，以“三曹”“建安七子”“竹林七贤”为代表的魏晋文学典范，到唐宋两代的李白、杜甫、王安石、苏轼等伟大诗人、词人和开创古代文体新模式的“唐宋八大家”，到关汉卿、王实甫、马致远等元曲名家，明清两朝的白话小说家，五四运动之后涌现出来的一大批现当代文学家文章家，可以说，在中国漫长历史中的每一个时期，都产生了继承传统文化、契合时代特征、开创崭新领域的大师级人物。在他们的引领下，形成了覆盖广泛、内容丰富、思想深刻、雅俗共赏的文章宝库，这其中既有《诗经》《楚辞》等诗歌典籍，也有《孟子》《韩非子》等政论文章；既有《史记》《资治通鉴》等历史著作，也有《水浒传》《西游记》等白话小说；既有《弟子规》《千字文》等通俗读物，也有《易经》《传习录》等哲学经典。这些佳作名篇经过古人的筛选、编辑，结成了以《昭明文选》《唐宋八大家文钞》《永乐大典》《古文观止》《四库全书》等为代表的名家名著选本，仅现今存世的就数以百计，不仅有效承载了文章大家的成果，普及了传统文化，更为历史研究、文学研究提供了弥足珍贵的资料，有力推动了中华文明不断向前发展。

历朝历代，文章及其作者都拥有相当崇高的地位。在古代文献中，对于文章的社会地位多有阐述。《周易·系辞上》中提出，“鼓天下之动者存乎辞”；《典论·论文》中认为，“盖文章，经国之大业，不朽之盛事。年寿有时而尽，荣乐止乎其身，二者必至之常期，未若文章之无穷。是以古之作者，寄身于翰墨，见意于篇籍，不假良史之辞，不托飞驰之势，而声名自传于后”；《文心雕龙·原道》中也写道“文之为德也大矣，与天地并生者何哉?”进而又细化为“道沿圣以垂文，圣因文而明道”，可以说都将文章摆到了极高的位置。《左传》有言：“大上有立德，其次有立功，其次有立言，虽久不废，此之谓不朽。”文章因而成为达到老子所说“死而不亡”境界的途径之一，而相比立德、立功，立言更多可以凭借自身的努力，并且德行事功要传诸后世，必然要借助文章的力量。于是，在追求“不朽”的动力驱使下，文章之道成为历代有识之士的高尚追求并不断被加以传承。在这种氛围和传统下，作为文章创作主体的文人受到社会的广泛认可和尊敬就不足为奇了。在春秋战国时期，“士”的内涵逐渐由武士被文士所取代，并形成了一个独特的社会阶层。他们虽然没有贵族的地位，但也不用像庶民那样从事耕作，而是作为贵族的家臣、谋士，为重要决策提供参考，甚至“一言可以兴邦，一言可以丧邦”。汉朝时，皇帝案用有才华的官吏，通过“策对”和察举孝廉选拔上来的读书人，经常被加以侍中、常侍、给事中之衔，协助处理奏章。汉武帝之后，“六尚”之一、本来是管理皇帝文书的尚书开始负责起草诏书，地位不断提高。隋朝开创了科举制度，而科举制度最重要的考核方式就是写文章，从而使写文章成为学子士人出仕做官的必要条件，选拔出的人才自然也是写文章的高手。唐朝时，负责处理奏章、拟定诏书工作的，外有中书、门下、尚书三省，内有馆院、翰林学士，其中大部分是文人，当时宫殿前的台阶上立有巨大的石鳌，文人、学士们站在台阶前朝见皇帝，被称为“独占鳌头”。这些人不仅可以左右皇帝的旨意，甚至有时能够驳回皇帝的旨意。皇帝的命令如果未加盖“中书门下之印”，当时即为违法，不能被下面各级机关承认，所以有“不经凤阁鸾台，何名为敕”（凤阁、鸾台即为中书省、门下省）的说法。宋朝更是从太祖赵匡胤开始就传下了“不杀读书人”的祖训，足见对文人的重视程度。不仅宋太祖亲自叮嘱宰相赵普多读书、读《论语》，且后来的范仲淹、王安石、司马光等文章大家都曾在朝中身居高位，整个社会掀起“崇文”的风气，带动了文化的极大发展。明朝时，设中极、建级、文华、武英四殿和文渊、东阁两阁，其中的大学士地位尊崇，常由六部尚书或经筵讲官（皇帝的老师）兼任，一切奏章、政事、诏令都要经他们的手，掌有对皇帝朱批的“票拟”之权，在皇帝年幼时，在某种程度上履行了皇帝的职责。清朝时，虽然另设军机处办理重要奏章和皇帝密谕，但军机大臣也是由内阁大臣中挑选出来的，实际上仍然是文人在直接辅政。

党和国家领导人对于写文章极为重视，就如何写文稿、怎样改进文风等进行过详细的论述和指示。其中，作为文章家、著作家的毛泽东谈得特别多，著有《纠正文字缺点》《反对党八股》《工作方法六十条》等大量相关作品。他提出，“一切较长的文电，均应开门见山，首先提出要点，先用极简要文句说明全文目的或结论，唤起阅者注意，使阅者脑子里先得一个总概念，不得不继续看下去。有些写得好的报告，虽然篇幅颇长，却能引人阅读，使人不厌其长，有些写得不好的报告，虽然篇幅不长，却使人难看。”“人民的语汇是很丰富的，生动活泼的，表现实际生活的。我们很多人没有学好语言，所以我们在写文章做演说时没有几句生动活泼切实有力的话，只有死板板的几条筋，像瘪三一样，瘦得难看，不像一个健康的人。”“文章和文件都应当具有这样三种性质：准确性、鲜明性和生动性”。这些重要论述，观点深刻、指导具体，而且形象生动，对文章写作具有重要的指导意义。不仅如此，党和国家领导人还亲身实践，撰写了大量重要文章，在革命建设改革的各个历史时期都发挥了巨大作用。

二

几经传承，中国逐渐形成完备的文章学体系。在文章写作实践中，中国历来重视文章学理论的探索和完善，在什么是文章、如何写文章、如何评价文章等方面积累了丰富的实践经验，积累了宝贵的思想财富，形成了科学的理论体系。早在春秋战国时期，儒家学者就借虞舜之口在《尚书》中提出“诗言志，歌永言”，对各类文章的功用做了探索性的区分。陆机的《文赋》、钟嵘的《诗品》、刘勰的《文心雕龙》、昭明太子的《文选》，带动了文章学走向独立，使得文章学第一次获得了科学意义上的系统研究，标志着中国文章学基础理论初步构建完成。唐宋时期，不仅以经、史、子、集为对象的“注疏文章”极大繁荣，文章家们对“骈文”和“古文”的写作手法也不断革新，文气、文势、文法等文章学中的重要概念不断问世并得到深入阐述，丰富和完备了既往的文章学理论。明清时期的文章评注，不仅集合了前期历代文章学的研究成果，还对古典文化的向心凝结发挥了重要的作用，使文章学达到了新的高度。五四运动之后尤其是新中国成立以来，文章大家们在马克思主义理论的指导下，继承传统文章学的精华，同时吸收西方美学理论、文字学理论、语言学理论等优秀成果，推动中国文章学不断走向科学化、系统化、现代化。

中国的文章学涵盖广泛，涉及到文章分类、写作、批评、功用等多方面的研究，内容不断完善，体系博大精深。以公文分类体系为例，西周时期，下行的王命文书仅有“诰、誓、命”几种，上行文书为“上书”，各诸侯国和官吏之间的平行文书也只有“檄文”“移书”等。到两汉时期，下行文书就已经细分为“制、诏、策、册、敕、教、令、谕、符、檄、旨”等一二十种，上行文书细分为“奏、章、表、驳议、牒、申、启、呈、笺、题、状”等多种，平行文书也增加了“关、咨、照会”等分类。后来几经变革，新中国成立后，先后从国家层面几次对公文种类进行重新划分，现行文种变为13类13种。公文分类体系仅是中国文章学中的一部分，其发展、变化的内容竟如此丰富，由此可对中国文章学体系之庞大窥豹一斑。

文章学的发展不仅带动了辞章、训诂、注疏、声律等诸多学科的产生和发展，还成为中国古代教育的重要组成部分。写作教育肇始于西周，在孔子的私学教育结构中正式成为独立的学科——言语。而随着战国时期各诸侯国对于“士”的重要性认识的提高，出现了专门的养士场所，实际上也就是早期进行文化教育的半官学，其中最著名的当属齐威王或是更早一点的时期兴建的稷下学宫，这所学宫一直延续到齐国的灭亡，对战国时期思想文化的繁荣发挥了重要作用，当时著名的孟子、邹衍、荀子等都曾在此停留、著书，荀子还曾担任过学宫祭酒，相当于现在的大学校长。到了东汉时期，出现了我国也是世界上最早的文艺专门学校——鸿都门学，生员专攻尺牍、小说、辞赋、字画，其中“尺牍”包括“章”“奏”“表”“驳”“书”等实用文体，小说、辞赋等则属于审美文体，彼时的教育已经涵盖了实用与审美文体两方面的教育。南北朝时期，宋文帝开设文学馆、玄学馆、史学馆、儒学馆，其中文学馆专门从事文章研究与教学，将写作课程与其他学科并列，自成一体。科举制度建立后，文章写作能力正式成为政府考核、选拔人才的重要标准，其受重视程度远非其他学科可以相提并论。可以说，正是这种通过文章发现人才，经由人才完善理论的良性循环，促进了中国文章学的极大发展。

三

俯古观今，“文章合为时而著”，文章始终受到高度重视的根本原因，源于其在社会实践中发挥了并仍发挥着不可替代的作用。一是承载文明。“文以载道”，文明成果要通过文章向下传承。“《诗》，所以会古今之志者也；《书》，□□□者也；《礼》，交之行述也；《乐》，或生或教者也；《易》，所以会天道人道也；《春秋》，所以会古今之事也。”正如上述《郭店楚简·语丛》所论述六经的重要作用一样，内涵深刻的诸子学说，华美典雅的诗词歌赋，饱满厚重的古代历史，在形成文章之后，才能穿越几千年的漫长岁月，使今人能够近观古人。试想没有《论语》，我们怎能系统了解孔子的伟大思想？没有《二十四史》，我们怎能详细知晓历史上的重大事件？没有《红楼梦》，我们怎能切身体验当时的社会风俗？在世界四大古老文明之中，古埃及文明和古巴比伦文明都起源于公元前 4000 年左右，古印度文明起源于公元前 2300 年左右，它们都已经衰落，只有中华文明从未中断并延续至今。这其中，文章的承载作用提供了重要支撑。二是教化大众。人非生而知之，需要通过教育明辨是非、知悉事理，尤其是在古代没有普及官办教育的情况下，通过文章发挥教化作用始终占据着重要的地位，受到文章家的普遍重视。孔子论诗时曾说，“诗可以兴、可以观、可以群、可以怨。迩之事父，远之事君，多识于鸟兽草目之名”，推而广之，强调的不仅是诗，也是全部文章的教化作用。而文章中的“纪实”“讽喻”“寄托”“想象”等诸多手法，也多是为了更加激发人的兴趣，起到更好的教化效果而采取的艺术手段。从彰显微言大义的《春秋》，到半部可治天下的《论语》，再到为“六经国史之辅”的《醒世恒言》《警世通言》《喻世明言》，历代文章对教化作用尤为重视。这种教化不仅针对普通民众，也适用于治国理政者。民众被教化，可以“经夫妇、成孝敬、厚人伦、移风俗”，治国理政者被教化，可以施仁政。三是凝聚民心。中国幅员辽阔，地貌复杂，在古代交通、通信并不发达的条件下，通过各种政令和军事手段只能在行动层面维护国家统一，在思想层面却无法保持国家整体的凝聚力，尤其是对底层民众，很难使其时时刻刻与国家发生必然的关联，也就无从进行有效的治理。文章凝聚民心的功用由此凸显。通过《论语》《三字经》《弟子规》《增广贤文》等易被大众接受和便于口口相传的文章作品，使全国民众形成统一的、朴素的价值观，这种价值观既与广受推崇的儒家思想一脉相承，表述方式又更贴近实际，不仅是民众处理日常生活问题的指南，更是其对国家产生认同的基础，从而使中华民族历史上多次在短暂分裂后重新形成团结、统一的多民族国家。

中国的崇文传统一以贯之。身处这样一个具有“以文辅政”优良传统的国度，回望先贤往圣的精神丰碑，重温文章大家的佳作名篇，我们没有理由忽视文章的作用，没有理由低估文章的地位，没有理由不将到达文章写作的更高境界作为自己的追求。我们当前正在进行的是人类历史上空前伟大的事业，理所当然要勤于学、潜于心、敏于行，将所习、所思、所成体现到文章中，更好地服务于空前伟大的事业。

文章乃经国大业

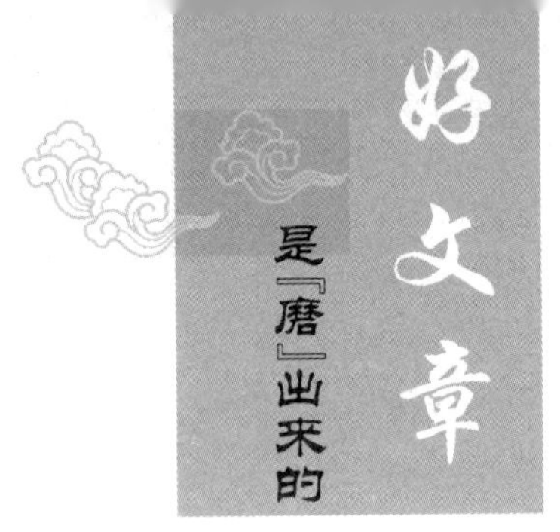

曹魏开国皇帝曹丕在《典论·论文》中明确提出："盖文章，经国之大业，不朽之盛事。"作为杰出的政治家和文学家，曹丕把写文章提到了前所未有的高度，道出了文章在治国理政中的重要作用。文稿格局之高低、气象之雄弱、思想之典俗，不仅代表作者的思想境界，而且反映一个时代的气象。时代之雄盛，朝代之兴旺，往往伴随着文稿之隆盛、之峥嵘。古今中外的文明发展史表明，凡是比较昌盛或重要的时代，文章都被作为治国理政的大事摆在重要位置，帮助执政者延伸治理领域、提升治理能力，打造"纸上江山"。

一、中国历来高度重视"以文治国"

中国古人对文章的政治作用有清醒认识，有过很多论述。孔子认为，诗可以考察社会政治和人心得失，可以团结人，可以抒发怨愤不平。近可以侍奉父母，远可以侍奉君王。黄庭坚说："文章功用不经世，何异丝窠缀露珠。"意思就是，写文章如不能经世致用，造福社会，就像蛛网上的露珠，没什么用。欧阳修说："文学止于润身，政事可以及物。"欧阳修、苏东坡这样的大文学家写的有价值的诗文，绝大多数是其参政议政的反映、记录与武器，用于个人遣兴娱情的不多。今看《东坡全集》计 33 卷，除 1—9 卷为赋、诗、词外，10—33 卷全是各体公私实用文章，含论议、策问、史评、表状、制策、诏告、书柬、尺牍及记传碑铭赞序题跋杂记之类，无一篇没有特定的实用场合、特定的写作程式。就连诗词赋这类"纯文学作品"中，相当一部分也是为参政议政服务的，是"唯歌生民病"的。司马光用 19 个春秋，完成了《资治通鉴》这部编年体的辉煌巨著，全书上起东周威烈王，下迄五代后周世宗，记载了 1362 年的历史，蕴含了 15 个朝代的兴衰荣辱，共 294 卷。宋神宗读后，认为这部书能"鉴于往事，资于治道"，因而有"资治通鉴"的命名。

文章被封建王朝作为重要的统治工具。刘邦称帝之后，陆贾经常找机会与他谈论《诗经》和《尚书》等儒家经典，刘邦很不耐烦，训斥陆贾道："老子的天下是靠骑在马上南征北战打来的，哪里用得着《诗》《书》!"陆贾回答说："您在马上可以取得天下，难道您也可以在马上治理天下吗？商汤和周武都是以武力征服天下，然后顺应形势以文治守成。文治武功并用，这才是使国家长治久安的上策啊！从前吴王夫差、晋卿智伯都是因极力炫耀武功而使国家灭亡；秦朝也因一味使用严酷刑法不知变更，最终导致灭亡。假使秦朝统一天下后，行仁义之道，效法先圣，那么，陛下您又怎能取得天下呢？"刘邦听后虽然有些不悦，但还是觉得陆贾的话很有道理，脸上露出惭愧之色，对陆贾说："那就请你尝试着总结一下秦朝失掉天下、我们得到天下的原因在哪里，以及古代各个王朝成功失败的原因之所在。"于是，陆贾就奉刘邦之命一共撰写了 12 篇文章。陆贾每写完一篇文章就进献给刘邦阅览，刘邦对每篇文章都赞叹不止，刘邦身边的大臣们看了陆贾的文章，也都感慨异常。陆贾将这些文章编纂成书，命名为《新语》。从此，刘邦就用陆贾的建议治理国家。秦汉之后的封建王朝，都十分重视文章在统治中的重要作用，这一点在清朝表现得最为突出。康熙、雍正、乾隆都在机构、制度等方面做了很多改进和调整，有效实现了"马上抢政权，文章稳天下"的目标。

文章对近代中国革命发展起了积极作用。在辛亥革命中，革命党之所以能够胜利，舆论宣传功不可没。清廷在宣布预备立宪以后，在意识形态方面就已完全被动。清政府不重视、不善于利用以报纸杂志为主的新式媒体，在革命党人凌厉的舆论攻势下，节节败退，民心逐渐丧失。革命党人牢牢地掌握着舆论宣传的主导权，在海内外有几十份革命刊物，仅在上海就有《苏报》《民呼日报》《民立报》等 10 多种。于是，武昌城里的星星之火，迅即转化为燎原之势。抗日战争爆发后，国统区大批戏剧工作者组成流动演出队，走向农村、内地和前线，郭沫若、老舍、夏衍等作家创作了许多抗日题材的剧作，充分发挥了戏剧为抗战服务的积极作用。被戏剧界称为"好一计鞭子"的三个短剧（《三江好》《最后一计》《放下你的鞭子》）几乎演遍了大江南北，激起广大民众抗敌救国的热情。1938 年 3 月 27 日，"中华全国文艺界抗敌协会”成立，提出了“文章下乡，文章入伍”。国统区的文艺刊物都大篇幅地发表通讯和报告文学，如实地反映全国军民浴血抗战的史实，极大地激发了中国人民的爱国热情，推动了中国抗日运动的高涨。

文章对解放战争的胜利发挥了神奇效能。毛泽东发了几篇新闻稿，就曾经吓退10万国民党兵。1948年10月，党中央进驻河北建屏县（今属平山县）西柏坡。傅作义探知情报以后，准备出动近10万大军突袭中共首脑机关。当时国共主要战场在东北和西北，而党中央周围卫戍部队仅1万多人，形势十分危急。10月26日，毛泽东处理完几项重要工作以后，自言自语道：“要给傅作义一点厉害看看。”周围的人不明白：“我们身处险境，还要给别人厉害看?”只见毛泽东拿起笔，很快以新华社记者名义写了一篇评论：《动员一切力量，歼灭可能向石家庄进扰之敌》。评论中把傅作义侵犯石家庄的种种图谋，包括各部队番号、将领以及作战计划等予以揭露和公布，号召解放军和民兵在3天内做好歼灭敌人的准备云云。这篇文章马上由新华电台广播，傅作义见我方对他们的计划了如指掌，还做了准备，深怕遭到埋伏，只好偷偷将刚开出来的部队撤回北平。这出现代“空城计”就这样结束了。以后中共中央一直驻在西柏坡，直到进北京。

文章推动了伟大的中国改革开放事业。1978年5月11日，《光明日报》刊登题为《实践是检验真理的唯一标准》的特约评论员文章。当日，新华社转发了这篇文章。5月12日，《人民日报》和《解放军报》同时转载。文章论述了马克思列宁主义“实践第一”的观点，鲜明地指出任何理论都要接受实践的考验。马克思主义的理论并不是一堆僵死不变的教条，它要在实践中不断增加新的内容。但当时依然存在着“圣经上载了的才是对的”错误倾向，这是“四人帮”强加在人们身上的精神枷锁，必须坚决打碎。这篇文章吹响了改革开放的冲锋号，引发了关于实践、真理问题的大讨论。党内外绝大多数人支持和拥护文章的观点，这就为党的十一届三中全会的召开创造了思想条件，对解放思想、推动改革开放进程产生了空前巨大的历史影响。

二、西方国家高度重视“笔杆子”

文章起草被西方国家作为政务工作的重要内容。在美国，白宫有专门的文稿起草班子，有专门人员起草总统的吹风稿、讲话稿等，并要层层严格审定。在俄罗斯，总统文稿写作班子归属总统办公厅参事局管理，参事局对部门初稿进行修改后上报总统文稿总助理审核，再提交办公厅主任定稿，最后报送总统参考。在澳大利亚，政府领导人一贯重视公开演讲，澳联邦政府各重要部门一般都设有演讲稿写作班子，专门为本部门领导撰写演讲稿。如澳总理办公室配有总理演讲稿撰写助手，外交贸易部政策规划司下设演讲稿写作处，国库部亦有专职撰写演讲稿的岗位。除演讲稿专职撰写人员外，澳总理的多位顾问也承担部分撰稿任务，有时澳领导人也会邀请专家学者为其演讲稿润色、把关。

文章是西方政治家最常用的施政工具。邓小平说过，当干部就是用“笔杆子来领导”。这里的“笔杆子”指的是讲话和写文章。其实，中外都是这样的。在欧美国家，政治家一个常用的工作方式就是演讲，演讲稿作为一种重要政治文体，被许多政治家广泛、频繁使用，发挥了政治沟通协商和引领民意的主导作用。演讲稿内容和语言要求非常高，一般让才华出众的秘书来做“笔杆子”。著名的“炉边谈话”就是演讲经典之一。该谈话是罗斯福当选美国总统后一种联系民众的广播方式。1933 年 3 月 12 日，即罗斯福就职总统后的第 8 天，他在白宫楼下外宾接待室的壁炉前接受广播公司的录音采访，工作人员在壁炉旁装置扩音器。罗斯福说，希望这次讲话亲切些，免去官场那一套排场，就像坐在自己的家里，双方随意交谈，被人誉为“炉边谈话”。在罗斯福上任后雷厉风行地推动第一次新政时，这种方法的作用表现得最为突出。罗斯福作第一次“炉边谈话”时并不轻松，因为经济危机正深深地困扰着这个国家及其人民，但他深知自己的责任，他以兄弟姐妹般的语气平静地请求人民信任银行、信任国家。他没有命令，只是轻轻地、富有感情地说：“伟大的全国性计划能不能完全得到成功，当然要靠大众的合作，要靠大众对这项可靠的制度给予明智的支持和妥善的利用。”在罗斯福 12 年的总统任期内，他先后做了20多次炉边谈话，每当美国面临重大事件之时，他都用这种方式与美国人民沟通。这些谈话整理出来，也都是精彩的文章。正是通过这种富有感情、富有亲和力的真挚演讲，罗斯福有效实施了自己的新政，带领美国人民走出萧条、战胜法西斯，开创了美国经济社会发展的黄金时代。罗斯福成功使用演讲稿进行政策阐释，把文章作为一种重要的施政工具，至今仍被许多政治家竭力效仿。

文章被西方国家作为重要战略武器。奥地利哲学家梅泰尼什1806—1809年在任驻法国大使期间曾写道："在拿破仑看来，一张报纸相当于一支30万人的军队；一支30万人的军队在安邦定国、对外威慑方面所起的作用还比不上半打受雇的蹩脚记者。"《箴言报》是拿破仑宣传体系中的一份报纸，拿破仑本人也说："我要把《箴言报》变为政府的灵魂，变为一种强大的力量，而且让它成为我与国内外公众舆论之间的'调解人'……对于那些支持政府的人士来说，《箴言报》就是一声号令。"进入新世纪以来，西方国家特别是美国，经常会用"笔杆子"干涉他国。由于动用武力更迭他国政权为国际社会所不容，且耗资巨大、后遗症多，所以美国往往通过选举策动"颜色革命"在对象国和平夺权，这就需要文章、传媒全程全力配合：选举前为反对派大造声势，宣传其纲领和主张，同时抹黑当权派，丑化其形象，使其在选民中威信扫地。如反对派失利，便以选举舞弊为由，煽动民众上街，示威游行，冲击政府机关，赶走或吓跑当权派。实践证明，这套办法十分有效，南斯拉夫、格鲁吉亚、乌克兰、吉尔吉斯斯坦等国均由此触发了政权更迭。有人不无感慨地说："笔杆子里面也能出政权！"

三、充分发挥文章经世致用的作用

当今时代，世情、国情、党情发生了深刻复杂变化，党和国家事业站在前无古人的新的历史高度，进入盛世新境。新的形势下，文章在国际国内工作中作用越来越突出，使用越来越频繁，要求越来越高，能否迅速增强文稿服务的全局意识和战略思维，提高文稿服务的前瞻性和针对性，不仅事关工作运转，而且事关党和国家事业发展全局。因此，我们应进一步发挥文章作用，将文稿工作摆上更加重要的战略地位，使之成为治国理政的重大事业，使“笔杆子”在治国理政和“参与决策”中发挥更加重要的作用。

要发挥文章阐释政策、统一思想的重要作用。党的路线方针政策是党治国理政的行动纲领，也是指引社会主义现代化建设事业发展方向的重要指针。做好党的路线方针政策的宣传教育，是治国理政的重要内容。要紧紧围绕党的中心任务和工作大局进行文章创作，加强主题文章组织，开展形势政策教育，切实把干部群众的思想认识统一到中央对形势任务的分析判断上来，把力量凝聚到贯彻落实中央的各项决策部署上来，为促进经济社会发展奠定良好的思想基础。

要发挥文章分析矛盾、探究问题的重要作用。当前我们改革发展正处于“发展机遇期”和“矛盾凸显期”，我们的改革开放和社会主义现代化建设取得了巨大成就，但也不可避免地存在这样那样的矛盾和问题，对人们的价值观念、思维方式、工作方法、生活习惯产生了广泛的影响。正确分析和深入探究矛盾和问题，对于推动改革开放事业的顺利进行，具有十分重要的意义。要组织系列文章，对热点问题进行深入跟踪研究，对体制机制和顶层设计进行跟踪分析，特别是对新事物、新观点、新问题等干部群众关心关注的热点难点，要通过系列文章进行解疑释惑、明理说法，使文章成为社会的“减震器”“解压阀”，发挥平衡心理、理顺情绪、指明症结、提出良策、化解矛盾的良好社会效果，为改革开放事业顺利推进营造好的外部环境。

要发挥文章弘扬精神、鼓舞士气的重要作用。改革开放的伟大事业，创造了许多宝贵的经验和成功做法，涌现出许多可歌可泣、无私无畏、甘于奉献的风云人物和先进代表，孕育着蓬勃盎然的可贵精神。要善于发现和总结改革开放事业中创造的适应时代要求、效果显著、切实可行的新鲜经验，运用文章及时总结并加以推广，从而实现弘扬正气、鼓舞士气的重要作用。要组织系列文章，着力讴歌先进人物的榜样力量，唱响主旋律，弘扬正气歌，以激励广大干部群众见贤思齐、拼搏进取，为改革开放事业顺利推进夯实群众基础。

非常之业必有非常之文

“文章合为时而著，歌诗合为事而作。”文章与时代发展休戚相关，好文章大多是时代的产物。传世之作不是想写就能写出来的，必然是伟大时代的反映，是伟大事业的需要，是伟大实践的结晶。风云激荡的时代必然产生激昂澎湃的文章，气势冲天的事业必然呼唤文意汪洋的华章。

一、非常之文，能壮大非常事业之声威

激荡的时代造就宏伟的事业，也造就能成非常之业的英雄豪杰，而英雄豪杰必然要借助非常之文的作用，才能推动激荡的时代掀起壮丽的波澜。非常之文能够准确传达非常之人的思想，能够严谨论述非常之业的正当性，能够有力批驳逆潮流者的错误观点，能够充分保持参与者的信心，能够极大激发追随者的斗志，从而壮大非常之业的声威。古今中外，非常之文在非常之业中发挥巨大作用的事例难以胪陈。唐代骆宾王的《讨武曌檄》，就是应徐敬业之邀为讨伐武则天政权所写的千古佳作，檄文立论严正，先声夺人，将武则天置于被告席上，列数其罪，宣告天下，对于壮大天下豪杰共同起兵发动讨武大业的声威，发挥了意想不到的鼓动作用。据《新唐书》所载，武则天初观此文时，还嬉笑自若，当读到“一抔之土未干，六尺之孤何托”一句时大惊失色，连问文章是谁所作，并感叹：“有如此才，而使之沦落不偶，宰相之过也!”

抗日战争初期，国民党内出现了“速胜论”和“亡国论”等论调，共产党内也有一些人寄希望于国民党正规军的抗战而轻视游击战争。毛泽东于1938年5月写成《论持久战》，总结了全国抗战的经验，批驳了当时盛行的种种错误观点，系统阐明了抗日持久作战方针，对抗日战争作出战略防御、准备反攻、战略反攻三个阶段划

分，明确指出抗日战争必胜的历史大势，有效地提振了抗日大业的声威，充分展现了毛泽东的雄才大略和远见卓识。

美国 19 世纪废除奴隶制度，是美国对人类文明作出的重大贡献，也是林肯政府能够流芳千古的非凡伟业。而在废奴问题上，美国南北双方分歧严重，最终导致南北战争的爆发，此间斯陀夫人的长篇小说《汤姆叔叔的小屋》，因有力地反映了美国黑人在奴隶主残暴统治下的非人生活，引起社会强烈反响，从而使废除奴隶制度赢得许多美国民众的支持，对废奴运动起到极大的促进和声援作用。

二、非常之文，能展现非常事业之美景

“国清才子贵，家富小儿娇。”文章如同时代的镜子，照出历史兴衰，反映文明进步。一个人不可能两次踏入同一条河流，也不可能同时体验历代的盛世。几千年的文明史，出现过一次又一次盛世美景，奏响过一场又一场壮丽华章，但往事不可追，今人难以重回历史现场去亲身经历史诗。正是借助着大量描写社会现实、记录历史真相、反映文明成果的非常之文，才使文章家的个体记忆升华为民族的集体记忆，从而展现出历史留给我们的宝贵遗产和丰富精神财富。中国历史上一些被后人称颂的、社会发展取得显著进步的时期，往往出现大批的锦绣文章，堪称经典中的经典。西汉建立之后，随着“文景之治”的实现，国家走向强盛、财富极大积累、疆土得到扩张、人民获得安定，为文人提供了宣扬大汉声威的主题，于是汉赋应运而生，并逐渐达到了全盛时期。唐诗、宋词的繁荣兴盛，除却文体自身进化发展的因素之外，主要是唐宋社会发展和时代进步的反映。唐代国力强盛、社会稳定、人民富裕，加之科举制度对文章的促进，国家对外交往对文章的补充，民族融合对文章的丰富，成为大批优秀文学作品诞生的沃壤，尤其是使诗歌走出了宫廷，迈向了祖国的大好河山，融会了民众的声色性情，其中以李白的诗文最具代表性，散发着浓郁的盛世情怀，传达着典型的盛世之音。在宋代，城市规模扩大，手工业、商业活动迅速发展，市民阶层兴起，物质生活的丰富和娱乐消费的需要使得宋词写作一定程度上成为当时的社会风俗，不仅词人爱写，民众爱唱，甚至于影响上层，宋代

皇帝几乎个个爱词，大臣几乎个个是词人，政治家范仲淹、王安石、司马光、苏轼等都是当时的著名词人，即使在封建社会中难以抛头露面的女子如李清照，也成为一代词宗，名垂千古。正是全社会的认同和推崇，宋词才得以佳篇迭出，影响久远。

三、非常之文，能鼓振非常事业之斗志

非常之业，需要非常之斗志，需要非常之勇士。而非常之文，以其深邃的思想、严谨的逻辑、有力的行文，恰能发挥鼓舞斗志之奇效。1937 年 7 月 7 日，卢沟桥事变的炮声，一夜之间召唤了几乎所有的诗人站在抗日救亡运动的前列，为民族尊严而呐喊，为国家存亡而呼号，写出了一曲曲催人斗志的战歌。其中任钧的《为胜利而歌》、臧克家的《从军行》、戴望舒的《灾难的岁月》、蒲风的《抗战三部曲》、田间的《呈在大风沙里奔走的岗卫们》以及艾青的《北方》《战斗的江南季节》《抗战歌声》《保卫祖国》等都传诵到了前方。这些诗歌，成为抗战时期广为流传的美章、鼓舞士气的檄文，为获得胜利奏响必胜信念之音。1927 年大革命失败后，大批共产党人和无数的革命群众遭到国民党血腥镇压，革命进入低潮。在处于敌人重重包围的小块革命根据地的环境中，党内少数同志对局势判断产生了悲观思想，有人甚至发出了“红旗到底能打多久”的疑问。针对这种悲观情绪，毛泽东 1930 年撰写了《星星之火，可以燎原》，客观分析了革命形势，理性判断了敌我力量，发出中国革命高潮“它是站在海岸遥望海中已经看得见桅杆尖头了的一只航船，它是立于高山之巅远看东方已见光芒四射喷薄欲出的一轮朝日，它是躁动于母腹中的快要成熟了的一个婴儿”的强音，纠正了少数同志的错误，坚定了革命队伍的信念，鼓舞了革命队伍的斗志。

在国外战争中也有类似情况。1941 年 6 月 22 日，法西斯德国的军队进攻苏联，一次残酷而又伟大的卫国战争开始了。从战争打响的第一天起，苏联的作家和诗人们，就像战士端起自己的枪一样，也纷纷拿起自己的武器——笔，向人民发出保卫祖国的呼吁，控诉敌人的罪行。直到战争结束的 1945 年 5 月 8 日，苏联文学家们一直与人民并肩战斗在一起。其中，肖洛霍夫的《要学会恨》、阿·托尔

斯泰的《俄罗斯性格》、格罗斯曼的《人民是不朽的》、瓦西列夫斯卡娅的《虹》、戈尔巴托夫的《不屈的人们》、西蒙诺夫的《日日夜夜》、法捷耶夫的《青年近卫军》等，不仅对鼓舞苏联革命群众的士气发挥了意想不到的巨大作用，也对全世界争取民族独立和解放的人民产生了巨大的影响。

当前，我国正处于经济社会发展新的阶段，面临的机遇前所未有，面对的挑战也前所未有。我们正在进行着前无古人的伟大事业，呼唤能够代表时代的非凡之文，去反映社会进步、把握时代脉搏、触碰热点难点、讴歌动人美景。

——要以非常之文反映时代大势。古今中外文明史，产生伟大事业的时代，都有反映那个时代历史发展必然要求的鸿篇巨制。春秋战国时期，社会处于大变革之中，思想空前活跃，形成了诸子蜂起、百家争鸣的局面，产生了《论语》《孟子》《老子》《庄子》《左传》等经典著作，开创了我国思想史上的黄金时代。汉代从“文景之治”到武帝时期，社会思想尚未完全定型，各种思想激烈碰撞，使政论有很大发展，贾谊的《陈政事疏》《过秦论》便是其中的翘楚之作。中晚唐时期，随着社会时局的变化，以韩愈、柳宗元为主导的一批文人掀起了复兴儒学的思潮，到了宋代，以欧阳修、苏轼为中坚力量的一批文人也发起了文学复古的思潮，以“唐宋八大家”为代表人物的古文运动，在文学创作方面取得了很高的成就。鸦片战争以来，近代社会剧烈转型，出现了梁启超、李大钊、鲁迅等文章大家，产生了梁启超《少年中国说》等许多脍炙人口的名篇。文艺复兴时期英国伟大剧作家莎士比亚的剧作，以人文主义视角反映了英国封建制度解体、资本主义兴起时期的社会矛盾，四大悲剧《哈姆雷特》《奥赛罗》《李尔王》《麦克白》就是其中颇具代表性的作品。法国维克多·雨果史诗般的长篇巨著《悲惨世界》，反映了19世纪的法国工业革命阶段社会动荡、统治者昏庸腐化、底层劳动人民悲惨的生活，而巴尔扎克创作出了被誉为法国社会百科全书的《人间喜剧》。要成就现时代的非常之文，必须牢牢把握历史发展的固有规律，紧紧围绕时代前行的固定轨迹，充分回应人民群众的强烈诉求，客观反映社会进步的主流趋势，摆脱自娱自乐的写作，摆脱哗众取宠的写作，摆脱服务小圈子的写作，将文章与国计民生联系在一起，与时代大势联系在一起，与人民实践联系在一起，与时代的发展同呼吸、协发声、共命运，形成共鸣效应。唯如此，才能成就不朽美文。

——要以非常之文展现沧桑巨变。中华文化上下五千年，凡时代变迁均有名篇传诵流传。春秋战国时期，列国纷争，战争四起，人心思定，国家统一乃是大势所趋。在百家争鸣的政治文化环境中，涌现了一批政治家和思想家，产生了《论语》《孟子》《墨子》《荀子》《韩非子》《老子》等各具特色的诸子散文。诸子散文各具特色，《论语》寓意深刻富有哲理性，《孟子》气度不凡富有鼓动性，《墨子》朴实谨严富有逻辑性，《荀子》淳厚富赡富有学术性，《韩非子》冷峻精辟富有政治性，《老子》玄妙精警富有思辨性，《庄子》汪洋谲怪富有浪漫性。与其相映生辉的，还有流传至今的《左传》《国语》和《战国策》等著名历史散文。其中许多篇章语言优美、人物生动、思想深邃，不仅有很高的艺术性，而且有很高的史料价值和政治意蕴。这些著作文章，之所以能流传千古而不衰，之所以能被反复吟诵而不朽，除了其自身的艺术性之外，很重要的是反映了时代伟业带来的沧桑巨变。清末民初，外有列强入侵，内有封建专制，几千年的文明古国面临空前的危机，数十代的文化传统遭到剧烈的撼动，求得国家富强和民族独立成为有识之士共同的心愿，经历了“器不如人”的感慨之后，随着西学东渐，“师夷长技以制夷”“中学为体、西学为用”等在救国道路上的理论探索不断前行且从未停止。《海国图志》《资政新篇》《救亡决论》等名篇之所以至今读来仍觉振聋发聩，就是因为它们充分展示了国人在救国道路上的“上下求索”，反映了中华民族经历的重大变革。要成就现时代的非常之文，做文章之人必须将自己投身到时代发展变化之中，亲身经历时代的沧桑变化，切实体会时代的前进波折，如实记录时代的波澜壮阔，用文字体现沧桑巨变，用文笔描绘前人之志，用文章提供后事之师。唯如此，才能成就时代热文。

——要以非常之文揭示矛盾规律。好文章不仅能催人奋进，亦能发人深省，重要的原因是它综天时地利之和，得历史演变之机，深刻揭示了成就非常之业伟大时代的内在矛盾和社会发展的内在规律。“鉴前世之兴衰，考古今之得失”历来是非常之文的最高追求。

早在司马迁著《史记》之时，就已经提出要“究天人之际，通古今之变，成一家之言”，从而梳理出历史的发展脉络。宋代司马光的《资治通鉴》，更是首次通过总结历史经验来揭示历史兴衰规律，从而给执政者提供借鉴。马克思的文章之所以经久不衰，正是因为它“像达尔文发现有机界的发展规律一样，发现了人类历史的发展规律”，从而指导全世界无产阶级的革命事业。毛泽东的著作之所以如黄钟大吕，就是因为它总结出马克思主义普遍真理与中国革命实际相结合的科学思想，从而带领中华民族走向独立、解放。要成就现时代的非常之文，必须立足于改革开放的伟大实践，着眼于社会发展的主要矛盾，着力于矛盾问题的本质探索，从表面探究到内在，从现象深入到本质，从个别扩展到普遍，不能局限于客观现象的描述，不能满足于事实观点的罗列，不能停步于前人成果的重复，对社会现象不仅要知其然还要知其所以然，积极探索表象问题揭示的深刻矛盾，总结凝练非常之业反映的客观规律，始终发真知灼见，提管用箴言，不仅总结前人的经验，更要指导日后的实践，从而使文章能够突破时代的局限。唯如此，才能成就千古大文。

——要以非常之文弘扬伟大精神。每一个伟大的事业，都有其强大的内在精神支撑。非常之文，只有尽情讴歌非常之业的优秀人物，弘扬非常之业的强大内在精神，才能成为时代主旋律，才能成为千古传唱的经典。1945 年 6 月 17 日，在延安召开的中国革命死难烈士追悼大会上，毛泽东发表著名的演说：“中国自有共产党以来，在 24 年里，单共产党人就死了几十万……我看见过这样的家庭，同志们一定也看见过许多这样的家庭，反动派杀掉了父亲，他的儿子，三个四个，甚至七个八个，还有女儿，统统加入共产党，统统跑到延安来了。”每次读到这篇演讲，自己感到都是一次心灵的洗礼。这篇演讲辞之所以能够引起如此大的反响，之所以能够被广泛传诵，之所以能够具有穿透时代的坚韧力量，就在于它尽情讴歌了中国革命事业的伟大精神——抛头颅、洒热血、前仆后继、视死如归。《红日》《历史的天空》《浴血罗霄》等红色经典文学之所以脍炙人口，也正是因为它们体现了同样的时代精神。要成就现时代的非常之文，必须将现时代的时代精神作为我们文章弘扬的主题，引为我们作品讴歌的对象，成为我们作品内在的韵律。要大力弘扬被人民群众普遍认可的以爱国主义为核心的民族精神，以改革创新为特征的时代精神，切实发挥非常之文对于人民群众的教育作用和对于社会价值观的养成作用，在文章中旗帜鲜明地提出我们应该反对什么、应该继承什么、应该发扬什么，使伟大的时代精神成为全民的共识，成为非常之业的动力。唯如此，才能成就传世佳文。

非常之文非主观意志可得，须有非常之业的大背景，可遇而不可求。我们现在身处伟大的时代，从事伟大的事业，机遇弥足珍贵。只要紧跟时代步伐，着眼全局发展，站在国家大义和民族利益的高度认真思考、认真写作，就一定能够写出非常之文，奏出时代强音。

三篇文章做得好

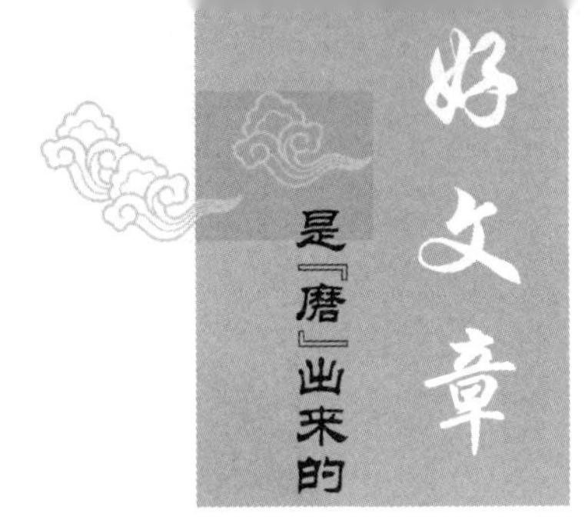

“三篇文章做得好，一步得中状元郎。”这是小时候父亲经常对我说的一句话。简单来说，就是古代选拔人才靠文章说话，会写“三篇文章”才能有出息。文章能够展示出一个人的知识和才学，用这种方式来评价选拔人才，在古代社会条件下，不失为一项较为公正的制度。

科举制度所形成的“科举文化”，极大地影响了文人的创作，对文章的内容和形式都产生了重要的影响。而历史上每一次科举制度的转型，文章的风格都会随之产生很大的变化，了解科举文化对于研究不同时代文章的演进和兴衰，进而学习借鉴古代优秀文章的写作思想十分有益。

一、科举制度之演进

有一段时间，我看了大量关于科举制度的书，达到了痴迷的程度。追溯中国数千年的文明史，科举文化可谓博大精深。中国古代科举制度创立于隋，完善于唐，发展于宋，中落于元，鼎盛于明，终结于清，施行历史绵延 1300 年，对传统中国的政治、文化、思想、教育、经济与社会生活的运行均起到重要作用。

科举文化的积极影响主要表现在：通过科举考试吸收了不少寒士进入政权，有益于扩大和巩固封建统治的政治基础，改变了封建社会前期豪门士族把持朝政的局面；广大庶族通过科举入仕做官，给封建政权注入了生机与活力；选拔官吏从此有了文化知识水平的客观依据，有利于形成高素质的文官队伍；把权、位与学识结合起来，营造了中华民族尊师重教的传统和刻苦勤奋读书的氛围；促进了文学的繁荣，等等。

自魏晋实行九品中正制以后，世家大族垄断了品第人物、荐举官吏的权力，州郡僚佐的辟署，实际上又为世家大族所左右，这种情况不利于中央集权。隋代废除了九品中正制和辟举制，大小官吏都由中央任命。选士既不须州郡的荐举，也不经中正的评定，而是由朝廷用公开考试的方法甄别选用。“精罢外选，招天下之人，聚于京师，春还秋往，乌聚云合。”这便是科举制度的真正开始。《旧唐书·杨绾传》说：“近炀帝始置进士科，当时犹试策而已。”这里的进士科，是考试的科目，而不是荐举的科目，是有特殊意义的。“进士”一词初见于《礼记·王制》篇，其本义是可以进受爵禄的意思。

唐代继承并大大发展了隋代创置的科举制度。考试的科目，分为常科与制科两类。常科每年举行，科目有秀才、明经、进士、俊士、明法、明字、明算等50多种。应试者以明经、进士二科最多，高宗以后，进士科尤为时人所重视。制科是皇帝临时诏令设置的科目，有贤良方正直极谏科、才识兼茂明于体用科等100多种。常科的考生，有两个来源：一个是生徒，一个是乡贡。由京师及州县学馆出身，而送于尚书省受试者叫生徒。不由学馆而先经州县考试，及第后再送尚书省应试者叫乡贡，由乡贡入京应试的通称“举人”。州县考试称为解试。应试者须持证件报考，叫做“投牒自举”。考试合格的，州县长官要设“乡饮酒礼”招待，称为“鹿鸣宴”。尚书省的考试，通称省试，或称礼部试。礼部试都在春季举行，故又称“春闱”，闱是考场的意思。参加进士科考试，当时人称为“举进士”，凡参加进士科考试的人，习惯就称为进士，后来秀才科废除，也常常称做秀才。举人、进士、秀才在唐代几乎是同一个含义，与明清时期的意义有很大差别。考试的内容、形式和录取的标准，各科不同。秀才科：试方略策五道，及第分上上、上中、上下、中上四等。明经科：先帖文，然后口试，经问大义十条，答时务策三道。所谓帖文，又称帖经，主要考经文的记忆。具体做法是：“以所习之经，掩其两端，中间惟开一行，裁纸为帖。”及第亦分四等。进士科：试时务策五道，帖一大经（《礼记》或《春秋左氏传》），经、策全通为甲第，策通四、帖过四以上为乙第。高宗时，加试杂文，杂文就是诗、赋。此后，试诗、赋各一篇，成为定制。诗的题目和用韵都有严格的限制，大都为五言六韵或八韵的排律，以古人诗句或成语为题，冠以“赋得”二字，并限韵脚，这种诗称为试帖诗，也称“赋得体”。考试能否合格，不完全根据当时的成绩，还要有知名人士向考官推荐奖誉。主持考试的，本来是吏部考功员外郎，唐玄宗开元二十四年（736 年）以后，改为礼部侍郎。有时皇帝临时委派中书舍人等清要官吏主持，称为“知贡举”。应制科考试的，可以是已有官位的人，也可以是常科及第的人，还可以是庶民百姓。考试内容，初仅策问，玄宗时始加试诗、赋。制科考试，通常由皇帝亲自主持。

常科考试及第以前的士人，身份是平民，有“白身”“白衣”“布衣”等称呼。科举考试合格叫及第，或擢第，或登第，或登科，也单称“中”。唐代进士及第称为“进士第”或“前进士”，最为荣耀，被视为“登龙门”，誉称为“白衣公卿”或“一品白衫”。进士第的第一名称为“状元”或“状头”。科举及第以后，就叫有了出身，也就是初步具备了做官的资格。按唐代的制度，由于出身不同，初授官的品级也不同。秀才科分为：上上第，从八品下；上中第，正九品上；上下第，正九品下；中上第，从九品下。进士科分为：甲第，从九品上；乙第，从九品下。从授官的规定来看，制科及第最优，其次是秀才，再次是明经，最次是进士。而进士及第却最难，大致是一百人取一二名。尽管如此，士人所重，唯进士一科。不由进士出身的，终不为美，制科出身反而被视为“杂色”。进士科出身初授虽只九品，但升迁较易，“大者登台阁，小者任州县”。唐代的宰相，大多进士出身，中唐以后尤其如此。吏部考试不合格或者连常科也没有及第的士人，只能投靠节度使，充当他们的幕僚，然后经他们推荐，才能授予其他的官职。

宋代对科举制更加重视，有不少重要改革。宋太祖正式建立了殿试制度，即在礼部试后，皇帝在殿廷主持最高一级的考试，决定录取的名单和名次。殿试及第后，不须再经吏部考试，直接授官。太祖还下令：考试及第后不准对考官称“师门”或自称“门生”，这样，所有及第的人都成了“天子门生”。太宗时，殿试后分五等三甲放榜：“学识优长，词理精纯”为第一等；“才思赅通，文理周率”为第二等；“文理俱通”为第三等；“文理中平”为第四等；“文理疏浅”为第五等。上二等称“及第”，三等称“出身”，四等、五等称“同出身”。殿试后，举行皇帝宣布登科进士名次的典礼，并赐宴于琼林苑，故称琼林宴。北宋时，殿试第一名称榜首，第二、三名称榜眼，一、二、三名都可称状元。南宋以后，始称第一名为状元，第二名为榜眼，第三名为探花。状元初与一般进士无异，后礼遇渐隆，赐紫囊、金带、靴饬，乡里立状元额牌，州县官设宴庆贺，其荣耀超过凯旋的将帅。

明清时期科举考试均由翰林官主持，形成座师制度，文脉与人脉相互交织，使翰林影响延伸至各个领域。实际上，翰林院自出现便与科举有着千丝万缕的联系，在科举制的发展过程中，翰林院逐渐成为文化层次最高的官僚机构。自唐代创翰林学士草诏并应奉文字之责后，靠科举而晋身者的比例逐渐增加。宋代，科举制度与翰林院制度接轨。至明代，翰林院成为外朝官署，并规定一甲进士三人直接入翰林之制，状元授修撰（从六品），榜眼、探花授编修（正七品）；还创立庶吉士制度。所谓庶吉士，就是在新科进士中再行选拔，以《尚书·立政》篇中所云“庶常吉士”之简称名之，在院学习三年后再试，合格者留院，称留馆，余者外委为他官，但因曾就学于翰林院，世人对不能留馆之庶吉士也以翰林视之。自此，“非进士不入翰林”。而自明太祖废丞相之后，成祖设内阁，置大学士，与丞相相类。大学士均出自翰林，“非翰林不入内阁”。翰林院成为培育高级文官的摇篮和涵养高层次学者的场所。清代科举，沿袭一甲进士直入翰林之成法，二三甲进士则通过考选庶吉士才得入翰林，称为朝考。名义上由皇帝亲自主持，合格者由皇帝亲笔勾定，称“钦点翰林”。为了防止冒滥现象，还在会试与殿试间增设复试，复试合格者方准参加殿试。另外，对已经跻身翰林者，创立大考制度加以监督和激励。制度之严格、措施之细密可知一斑。为笼络汉族知识分子，清廷仿宋朝故事，实行制科征士，大批汉族士人被罗致入彀，直接进入翰林院，以成士林佳话，影响并吸引知识分子。翰林院制度不始于清代而以清代为最完备，资料最丰富，机构最庞大，规模最壮观，是集历代大成的产物。由于长期施行科举制度，中国历史上形成了不少学术世家，而翰林院制度的完善，使学术世家无论从层次还是规模，都比以前任何朝代有过之而无不及，出现了大量“翰林世家”。清代最盛之翰林世家乃六世翰林之安徽桐城张氏。自康熙朝张英始，共6代12人得入翰林，且代无间断，绵延于翰林近140年，诚为空前绝后之盛事。此外，五世、四世、三世、两世翰林之家更多，成为士林一道特殊风景。

随着科举制度的发展，明清时实行的八股取士，严重束缚应考者，使知识分子不讲求实际学问，束缚了知识分子的思想，严重阻碍了科学文化的发展。科举制度也产生了家庭悲剧。由于科举及第者享有丰富的优待和荣誉，而且科举也是普通人出头的重要途径，因此经常会有贫士高中之后抛妻弃子的悲剧发生。除此之外，还有“范进中举”之类的荒诞悲剧。由此可见，对科举的狂热追求已经扭曲了很多下层文人的心理，成为一幕幕悲剧的根源。

科举制度还有一大弊病就是导致官场腐败。师门关系在官场中互相拉帮结派，并且官官相护。一些有权势的官员多次利用科举考试的题目为饵收取考生贿赂的钱财，使得一些真正有才有德之士遗落民间，这就影响了社会的公正公平，加重了官场的黑暗和社会的混乱。由于科举制度发展到一定阶段后所产生的种种弊端，改革科举制度逐渐成为社会共识，终于在 1905 年 9 月 2 日，科举制度结束其长达 1000 多年的历史。

二、科举文化对文章的影响

回顾中国古代科举制度的发展不难发现，科举不仅是一种制度，更是一种文化。科举为中国发掘、培养了大量人才。1300 年间科举产生的进士接近 10 万，举人、秀才数以百万。宋、明两代以及清朝汉人的名臣能相、国家栋梁之中，进士出身的占了绝大多数。明朝英宗之后的惯例更是“非进士不进翰林，非翰林不入内阁”，科举成为高级官员必经之路。科举产生出一大批善于治国安邦的名臣、名相和雄才大略的政治家，众多有杰出贡献的思想家、文学家、艺术家、教育家、外交家等，如唐代的王维、韩愈、柳宗元、刘禹锡、颜真卿、柳公权、白居易；宋代的欧阳修、王安石、苏东坡、司马光、朱熹、包拯、寇准；明代的张居正、汤显祖、海瑞、徐光启；清代的纪晓岚、刘墉、郑板桥、林则徐、翁同龢、蔡元培等都出自状元、进士和举人之中，都是中华民族的英才，而这些人无不是妙笔生花的文章大家。

科举制度对于知识的普及和民间的读书风气，也起到了相当的推动作用。虽然这种推动是出于一般人对功名的追求而不是对知识的渴望，但客观上影响了中国人对文化和文章的重视。比如，明清两代中国的读书人中有大量的秀才和童生，当中除少数人能在仕途上更进一步外，多数人都成为在各地生活的基层知识分子，这对知识的普及十分有益。这些读书人生活在不同的朝代，但学习的是相同的“圣贤书”，对文化的传承起到了难以估量的作用，也间接维持了中国各地文化及思想的统一性和向心力。

科举文化深深影响了古代文人的创作，使得历代的名篇佳作层出不穷、数不胜数。从某种程度上说，古代文章的兴衰，与科举文化对其促进和阻碍作用密不可分。唐代科举对诗赋内容的考试，吸引当时的文人学习诗赋知识，研究作诗技巧，这客观上为唐诗的繁荣奠定了基础。为寻求诗材与灵感，人们必然留意观察生活、社会与自然，优秀的诗作往往由此产生。唐玄宗时，在省试中就出现了许多名诗名句，如祖咏《终南山望余雪》中的“终南阴岭秀，积雪浮云端。林表明霁色，城中增暮寒”，以及钱起《省试湘灵鼓瑟》中的“曲终人不见，江上数峰青”等。宋代科举以策论与经义并重，推动了古文运动的发展。宋代古文以先秦文章为范式，服务于“传道”，经义的精神、赋的抒情写景技巧、策论的辞采及格式，这些都有机融进宋代古文的创作中，并且注重对社会现实问题的反映，使宋代古文丰富多彩，艺术水平显著增强。宋代经学从王安石的《三经新义》到朱熹的《四书集注》，与科举制度的改革与发展有很大关系。明清两代的八股文虽然深受诟病，但对明清文学的发展也有一定积极作用。八股文的文体讲究格式，在用字造句、修辞润色、布局谋篇、立意构思等方面均有严格要求，如果把握好这些原则并且使文章言之有物，写出来也不失为好文章。此外，古代小说、戏剧的发展也与科举文化有着或深或浅的联系，许多都是以形象化的语言再现了文人的悲欢离合。一些成语典故、谚语民谣，如名落孙山、朱衣点头、金榜题名、黄粱美梦等，至今广为使用。

科举制度已经消失 100 多年了，但其对源远流长的中国文化、对灿烂辉煌的中国文章所产生的作用，是我们不能忽视的。尽管科举文化有其历史局限性，但我们学写文章，仍应从中吸取有益营养。

思想是文章的海拔线

好诗要有诗眼，好文要有文魂。诗眼、文魂在于思想。思想是文章的制高点、海拔线。思想不深刻，语言就不能入木三分；思想乏新奇，语言就不能让人耳目一新；思想无个性，语言就不能领异标新。文章没有思想，形成不了观点，就如同人没有站立起来，似一个跪着的人，一个躺着的人，一个没有生气的人。马克思说过，"人被思想的闪电一旦彻底击中，人与人之间便显现出极大的不同"。只有被思想感染、被思想击中、被思想惊醒，文章才能达到应有的境界，具有穿透力和持久影响力，被更久远地流传下去。

真正称得上好的文章，都是有思想的。中国自古以来就重视文章思想，一些名篇佳作之所以流传于世，就是因为它们闪耀着智慧的火花，迸发出思想的真谛。这些文章中深刻的思想内涵，是作者以深邃的洞察力和厚实的文字功底，从生活中提炼出来的"生命之盐"，熔哲理的思辨力、高度的概括力、深刻的感染力于一炉，使读者产生强烈的共鸣，并深烙在记忆之中，挥之不去。中学的时候学《岳阳楼记》，感到作品文辞优美，朗朗上口，对它的思想性理解不深。其实，它之所以流传于世，历久弥新，不仅仅在于文章的形式，更在于它的思想内涵。一个平庸的人写岳阳楼，或许只会写其"湖光山色收眼底"的一面，范仲淹则不然，他看到湖光山色后便有"万家忧乐到心头"的感慨。在这样壮观秀丽的景色描写背后，寄寓的是忧国忧民的情怀。"先天下之忧而忧，后天下之乐而乐"的思想成为这篇文章的闪光点，也成为整篇文章的核心要义。所有的描写都是为了这个思想的提出，范仲淹想要告诉我们的不仅是"皓月千里""一碧万顷""微斯人，吾谁与归"的发问，更让我们看到一位文人"不以物喜""不以己悲"的生活态度和先忧而后乐的政治抱负。同样，诸葛亮的《出师表》之所以能成为千古名篇，也在于通篇贯穿着"鞠躬尽瘁，死而后已"的高尚情怀。杜甫的诗作流传千古，除去沉郁顿挫的诗格，也是因其诗作对百姓民生的关注，对黑暗现实的抨击，更是因为浓烈的忧国忧民情怀。

外国文学的经典同样如此，我们学生时代曾经非常喜爱的一些外国小说，如《巴黎圣母院》《约翰·克里斯朵夫》《复活》等等，都是寄寓思想的上乘佳作。《巴黎圣母院》使雨果闻名于世，小说塑造了一位美丽动人、热情善良的吉普赛姑娘艾丝美拉达，蛇蝎心肠的巴黎圣母院副主教克洛德道貌岸然，在其要迫害艾丝美拉达之时，巴黎圣母院的敲钟人加西莫多舍身相救。加西莫多面目丑陋但是心地善良，小说这样写是为了揭露宗教的虚伪，歌颂下层劳动人民的善良、友爱、舍己为人，反映了雨果的人道主义思想。国外许多名人的演讲作品，也是因其思想性与气势的完美结合才广为流传，例如林肯在哥德斯堡的演讲，马丁·路德·金的《我有一个梦想》。

可以说，一篇文章质量的高低、分量的轻重、价值的大小，很大程度上取决于思想是否正确、是否鲜明、是否深刻。那些千古不朽的作品，都是依赖于它所表达的深刻思想，给人以震撼力、感染力、说服力。反之，文章如果没有思想的深度、哲理的启迪，无论辞藻多么华丽，技巧多么高超，描绘多么细腻动人，都如同白开水一杯，淡而无味。没有思想、没有价值的文章，让人“过目即忘”。如互联网文化催生出的文字垃圾和快餐文化在这个时代充斥着人们的眼球，信息量巨大，但是却鲜有思想价值。这就让不少人成为名副其实的“知道分子”而不是“知识分子”，大脑成了别人思想的“跑马场”。这些作品因而不能流传下来，迅速被新一轮的文字垃圾和快餐文化所取代。

文章的思想，来自对事物的透彻分析，来自对问题的独到见解，来自对道理的深刻阐述，来自对观点的精练概括。我认为，增强文章的思想性，需要从以下几个方面入手。

一、把本质的东西揭示出来

就是要透过现象抓住并深刻剖析事物的本质，挖掘现象背后隐含的比较深刻的有社会意义和价值的东西，从而给人以启发。当然，深刻的见解，不是从天而降，也不能随意引申、无原则地提高和升华，而必须是结合社会生活实际，做到具体、真实、可靠。如果一篇文章有几处甚至一处闪光点，即使着墨并不多，但发人深思、令人警醒，就足以使全文生辉。毛泽东在《纪念白求恩》一文里，指出了白求恩不远万里来到中国帮助抗日战争，不幸以身殉职，这种毫不利己的动机，体现了国际主义的精神、共产主义的精神。文章最后是点睛之笔，指出“一个人能力有大小，但只要有这点精神，就是一个高尚的人，一个纯粹的人，一个有道德的人，一个脱离了低级趣味的人，一个有益于人民的人”，点出了问题的实质，具有很强的思想性。丰子恺先生的短文《散沙与内袋》，从“沙是最不可收拾的东西”，“但倘用袋装沙，沙就能显示出伟大的能力来”的独到考虑，感悟出“中国四万万人，曾经一盘散沙，抗战好比一只大沙袋，现在已经把他们约束了”。从再常见不过的散沙，联想和论证到中华民族团结的大问题，给人以鼓舞和启迪，思想极其深刻。

二、把阐述的问题剖析深透

就是论述问题要往深开掘，层层剖析，逐步递进，不满足于抓住次要的、现象或枝节的东西，而是要了解主要的、本质的东西；不满足于掌握事物外部的特征，而要挖掘事物的内在联系；不满足于眼前的结果，还要追踪发展的趋势；不满足于掌握浅易的、粗线条的问题，还要钻研疑难问题和考察细节，让人感到的确讲得很透彻。如周恩来的《要造成一种民主风气》论述艺术民主的问题，文章开头部分就指出：现在有一种不好的风气，就是民主作风不够。接着，文章针对“一言堂”，不让别人讲话的弊病，对症下药，阐明“我们所发表的意见，都允许大家讨论、商榷”的道理。最后集中分析批判“五子登科”（套框子、抓辫子、挖根子、戴帽子、打棍子）的坏风气，只有去掉“五子登科”的坏风气，民主风气才能建立起来。这样，通过架构各层次之间的层层深入、步步发展的关系对观点进行了有力的论述，体现出深刻的思想性。又如，毛泽东在《湖南农民运动考察报告》中，描述了农民运动开展后农村出现的崭新气象，从“组织起来”“打倒土豪，一切权力归农会”直到“14 件大事”等各篇节，从时间、空间上对农民革命形势作了高度概括和把握，并预见其伟大的前途，达到了非同寻常的思想高度。

三、把辩证的哲理表达清楚

就是把辩证的思想体现在文章中，用雄辩的逻辑力量增强文章的思想性。胡锦涛同志在纪念党的十一届三中全会召开 30 周年大会上强调，在当今世界，任何国家关起门来搞建设都是不能成功的。他辩证地指出，一方面，我们要坚持独立自主、自力更生。在我们这样一个人口众多的发展中社会主义大国，任何时候都必须把独立自主、自力更生作为自己发展的根本基点，任何时候都要坚持中国人民自己选择的社会制度和发展道路，始终把国家主权和安全放在第一位，坚决维护国家主权、安全、发展利益，坚持中国的事情按照中国的情况来办、依靠中国人民自己的力量来办，坚决反对外部势力干涉我国内部事务。另一个方面，我们要勇敢参与经济全球化，在坚持和平共处五项原则的基础上同所有国家开展交流合作，积极促进世界多极化、推进国际关系民主化，尊重世界多样性，反对霸权主义和强权政治。通过这两个方面的论述，深刻阐明了必须把坚持独立自主同参与经济全球化结合起来的观点，有力彰显出文章的思想性。《中国青年报》有篇文章对震惊社会的马加爵事件进行了报道分析，一方面，面对马加爵杀人的事实，人们的感情更多的是“恨”，马加爵对生命的漠视、手段的残忍令人痛恨。但是，另一方面，该报记者也了解到马加爵曾经获得全国奥林匹克竞赛二等奖，了解到马加爵在监狱中穿上囚服后对警察说“这是我穿过的最好的衣服”，了解到马加爵因为利用放假打工挣钱而很少回家过年，这时记者在报道中追问：在这个事件中，社会应该承担怎样的责任？教育应该承担怎样的责任？我们这些普通人应当承担怎样的责任？在马加爵感到寒冷的时候，我们是否伸出自己的手给他温暖，而不让他的心变得坚硬。这篇报道辩证地分析了马加爵事件，对马加爵本人的感情由单纯的恨到复杂的痛，然后是超越了仇恨的爱与关怀，思想境界逐步提升。这种提升关注个体生命的成长，有益于社会的整体进步，因此也就更具感染力。

四、把具体的问题概括起来

文章要联系实际、解决具体问题，但一些文章联系实际时，总是跳不出业务上那点具体事，讲得很拉杂琐碎，让人从中看不出所以然来，所以一定要注意概括提炼，把感性的东西理性化，把零乱的东西系统化，从个别问题中引出一般性规律。要从局部的、感性的、表面的现象里面跳出来，用全面的、理性的、辩证的分析提炼和升华思想，总结出带有规律性的东西。1956 年 2 月至 4 月，毛泽东连续 40 多天听取国务院有关部门的工作汇报。他在听取时任国务院第三办公室主任、副主任的工作汇报后，称赞他们的汇报有议论、有分析、有深度，比较生动活泼，给人留下深刻的印象。某省委主要领导同志向毛泽东汇报工作，只讲了一些材料和数字，毛泽东委婉地批评道："只谈情况，不谈观点，是开材料仓库。人的头脑是加工厂，没有材料不行，有了材料要经过加工，要产生观点，用观点统率材料。"有位到基层挂职的同志在自己的文章中谈感受时，先对当地的情况进行了比较细致的描述，然后概括提炼出这么一个观点：中央制定政策通常要着眼于全党全国工作大局进行宏观部署，基层各地方的特点和发展水平千差万别，在某些地方完全按照文件条文执行效果并不一定理想。区、乡作为政策的执行者，贯彻执行政策时既要保证经济社会的发展，又要维护好群众的切身利益，需要在政策允许的范围内，在老百姓理解支持的前提下，结合基层的具体实际，实事求是地进行灵活变通。这就跳出了具体、个别的问题，得出了一个独特的思想。

那么，怎样才能增强思想性呢？我和一些同志在一起写材料时发现，有的人在很多问题上把握得比较好，能提出有价值的见解，有的同志则做不到这一点。这里面，除了经验的因素外，也有知识水平、认识问题能力等方面存在的差距。就平时的思维锻炼来说，要下的功夫是多方面的，重点要在三个方面下功夫。

第一，养成积累的习惯。知识是思想的载体，知识是思想的基础。古往今来，无数名家的成功都是与他们的丰富积累分不开的。平时我们要多读书，特别是多读经典，它能使我们得以在与哲人的神交与对话中，完成智慧的启迪与碰撞，拨云见日，心胸敞亮。虽然读书是很个人化的事情，每个人的兴趣爱好不同，所选择的侧重点也不同，但从经典出发，看似花费了不少时间，实则因汲取了传统文化的精华而达到了事半功倍之效。所有文化都有其传承的源头，无论我们的时代怎么演变，都脱离不了传统文化的根基。《红楼梦》第四十八回中，有个内容讲的是“香菱学诗”。当香菱缠着黛玉学写诗的时候，黛玉就这样告诉她：要先把王维、杜甫、李白等人的诗读上几百首，细心揣摩透了；再把陶渊明等人的诗读过，就不愁成不了“诗翁”了。黛玉的这番话，应该是曹雪芹借才情极高的她有感而发的。而如果没有太多的时间去阅读大部头的经典名著和浩如烟海的富有思想的优秀文章，或者一时难以理解文章中作者所寄寓的深刻感悟和深邃思想，那也不要着急。虽然“纸上得来终觉浅”，但毕竟会有点滴所得。即便是仅仅浏览、涉猎了其中的一点点儿，那也是播下了日后能够获得思想的种子。当自己一旦在生活中经历了类似的事件、遇到了类似的场景、看到了类似的事物，就极有可能使自己先期播下的思想的种子萌芽。积累的知识面要广泛一些，比如国家的大政方针、条令条例的有关规定、上级的指示要求、本职业务知识、单位实际情况等，都是应该掌握的。有时为了工作需要，对包括政治、哲学、军事、经济、历史、法律、文学、自然科学等，都应该有所涉猎。知识修养是没有穷尽的，积累是一种长期的功夫，考验着毅力。只有持之以恒，才能由点到面，逐渐达到广博。

第二，掌握正确的方法。文章的思想性来自于作者对客观事物的正确认识。只有对事物观察得精细，思考得深入，搞清楚事物本质及各种关系，深刻把握事物的内在属性和发展规律，才能见人之所未见，形成过人或独到的见解，从而使文章主题深刻而正确。“以其昏昏，使人昭昭”是谈不上思想高度的。而客观事物是曲折复杂的，要正确反映就必须对它全面观察、深刻认识，从正反、纵横、时空、彼此等多种角度去分析、比较和研究，善于抓住关键点，将问题想深、想透；从高处、大处、远处、深处来审视和考察，从而使认识尽可能客观。正确认识客观事物，必须具有正确的思想观点和较高的认识水平，需要掌握锐利的思想武器。这个思想武器就是马克思主义的世界观和方法论。认真学习党的理论和路线、方针、政策，领会掌握其基本原理，就能不断增强正确认识客观事物的本领，提高政策理论水平，进而提高对文章思想高度的把持能力。

第三，捕捉思想的火花。有的同志说，要成为一个思想敏锐的人，就要使自己的头脑随时处于“临战”状态，平时处理事情，下基层调查，甚至聊天闲谈，都要当有心人，把有价值的思想火花，随时记下来。一定的情况下，一个思想火花，变成一个好的观点，一个问题引发一项决策，都是可能的。茅盾曾经说过：“应当时时刻刻身上有一支笔和一本草稿，无论到哪里，你都要竖起耳朵，睁开眼睛，像哨兵们的警觉，把你所见所闻随时记录下来。”这些点滴的灵感、零碎的火花，有人称之为“散金碎银”，经过日积月累，必能积少成多、聚沙成塔。如果把它们轻易放过去，等用的时候再去寻找，那就搜肠刮肚也找不到了。

思想有多深远，文章才会写得有多深刻。磨砺思想锋芒的敏锐、细致、深邃，是一个作者走向成功的基石。一个人的思想，其实就是对世间的观察感悟而来的所思所想，是在对人类文明遗产继承借鉴与对现实世界的观察思考中逐步形成的。多么地希望能够多一些会写思想性文章的人啊！

四面江山来眼底

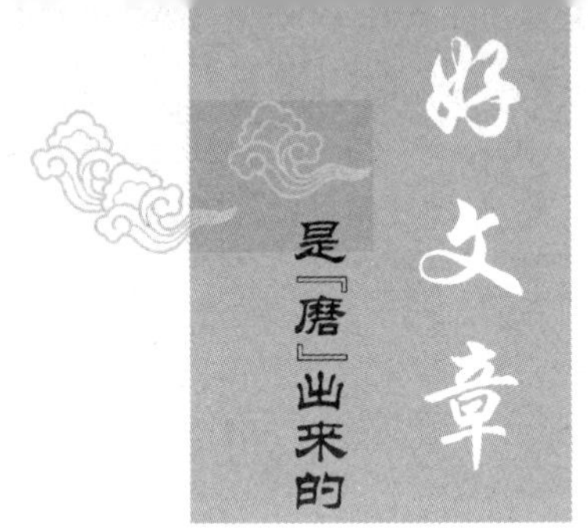

1959年庐山会议开完后，毛泽东的秘书田家英和朋友游庐山，来到山腰一个石亭，脚下长江横流，耳边松涛阵阵。亭中有一巨石，上刻古人七绝一首，亭柱却无题字。有人提议写副对联，田家英感慨万端地写下："四面江山来眼底，万家忧乐到心头"。这里引用"四面江山来眼底"，主要是想说说写文章要有气势。

文章和人一样，有气血骨肉。人讲气质，文章讲气势，人的气质从哪里来？从言谈举止中来。文章的气势从哪里来？从字里行间里来。字句如山，山间必有风云波涛。写文章要有气势，就如同水需要流动，山需要起伏；水不动，那是死水，山无起伏，就不是山，而是一马平川。山高水深再加上风急，就会产生无限生机。写文章需要这样的生机。那么，如何让文章有气势呢？我的体会是，要有大视野、大胸襟、大手笔。

一、写文章要有大视野

文章要有思想，思想从思考中来，思想要想高于一般人，见得就必须比一般人多，视野就必须比一般人宽。

视野大小与思考的立足点高低有直接关系。"不畏浮云遮望眼，只缘身在最高层"，这句诗告诉我们一个道理：人只有站得足够高，视野才能最开阔，才能看到全部风景。写文章要占领思想制高点，必须纵观全局。毛泽东的文章大气磅礴，高屋建瓴，显示出一种大视野，具有大局的眼光和长远的预见。1946年4月，毛泽东撰写了《关于目前国际形势的几点估计》。这篇文章不长，但是很有分量。当时，二战刚刚结束，由于美苏对峙的态势正在形成，冷战行将开始，人们对世界形势议论纷纷。有的在谈论是否会发生第三次世界大战，有的则估计美苏会妥协。毛泽东认为，战争的危险虽然存在，但是战争打不起来。美英法和苏联之间，或迟或早会达成妥协。但是另一个问题出现了：在苏联与美国达成妥协的情况下，被压迫民族应当怎么办？对这个问题，毛泽东明确指出："这种妥协，'并不要求资本主义世界各国人民随之实行国内的妥协。各国人民仍将按照不同情况进行不同斗争。'"后来，我们党领导全国人民，与发动内战的蒋介石进行了针锋相对的斗争，取得了革命的胜利，建立了中华人民共和国。毛泽东的如炬目光曾经给很多人留下深刻印象，美国著名记者、作家埃德加·斯诺在《红星照耀中国》中写道："我发现他对于当前世界政治惊人地熟悉。"

"不识庐山真面目，只缘身在此山中"，这句诗告诉我们一个道理：人如果站得不够高，视野就不开阔，就看不到山的全部风景。视野不开阔而自己又意识不到这一点，则往往会闹笑话，成语"夜郎自大"反映的就是这个问题。汉朝的时候，在西南方有几个小国，其中有个叫夜郎的国家面积最大。从没离开过家的夜郎国王就以为自己统治的国家是全天下最大的。有一天，汉朝派使者来到夜郎，夜郎国王问使者："汉朝和我的国家比起来哪个大？"使者一听哭笑不得，回答说："夜郎国和汉朝的一个县差不多大。"还有一个故事，说的是印度大城市孟买。上海某女士去孟买出差，发现那地方又穷又破，当地人也封闭得很，根本不知道中国城市什么样。有孟买人听说她是上海来的，就问："听说上海发展得不错，快赶上我们孟买了吧？"上海女士听了这话，就打趣地说："你们还不知道吗？上海素来就有'东方小孟买'之称啊！"孟买人听了心花怒放，有一天就跑来上海，要亲眼看看"东方小孟买"到底啥样。到了上海一看，高楼大厦让他天旋地转，立时找不到北了。当然这都是笑话，但是，在写文章的时候，如果站位偏低，视野狭窄，文章必然是拿不出手的。

那么，如何扩大视野呢？"海尽天是岸，山高人为峰。"这句诗的意思是，山不管有多高，只要人登上去，人就是最高峰了。这启示我们：大视野不是与生俱来的，而是经过努力实践的结果。拿破仑带着他的军队登上阿尔卑斯山之后自豪地说："我比阿尔卑斯山还高！"虽然此时拿破仑只比阿尔卑斯山高了一米六几，但这个高度足以让他看到阿尔卑斯山的全貌。写文章如同登山，必须努力攀登到达顶峰，才会发现那里的无限风光。孔子不周游列国，就不会有《论语》；曹雪芹没有经历荣华富贵和家道中落，就写不出《红楼梦》；蒲松龄不设茶摊请人讲故事，就写不出《聊斋志异》；郦道元不遍览祖国山川，就不会有《水经注》；严复不到英国留学，就翻译不了《天演论》；达尔文不乘船全球考察，就写不出《物种起源》。需要提醒大家的是，光增加阅历是不够的，还要注重思考，注意积累，处处留心皆学问。不然，就是周游天下也仍然写不出好文章来。

二、写文章要有大胸襟

世界上最宽广的是大海，比大海更宽广的是天空，比天空宽广的是人的思想，比思想更宽广的是人的胸怀，这是对宽广胸怀的赞美，也就是我要说的大胸襟。成大事者必有大胸襟，大胸襟才能成就大文章。

“江海不择细流，故能就其深”，这句话可以用来说君王汇集了众多人才，最后统一了天下。刘邦没有读过多少书，却写过一首有名的《大风歌》，这或许是他仅有的一首诗。公元前165年，淮南王英布起兵反汉，刘邦亲自出征，击败了英布。在凯旋途中，刘邦回了一次故乡沛县，和乡亲们欢饮十数日，一天酒酣，刘邦即兴唱出了《大风歌》：“大风起兮云飞扬，威加海内兮归故乡。安得猛士兮守四方?”可以看出，刘邦希望招纳猛士，帮他镇守天下。仅有的三句话也能看出刘邦的大胸怀。

“日月之行，若出其中；星汉灿烂，若出其里”，这是曹操《观沧海》中的著名诗句，其意思是，在大海面前，日、月、星、汉（银河）都显得渺小了，它们的运行，似乎都由大海自由吐纳。这句诗可用来指博大的精神力量和那种足以容纳一切的广阔胸襟。《三国演义》青梅煮酒论英雄一章很精彩，曹操和刘备一问一答，纵论天下英雄，曹操这样分析：袁术老朽无能，袁绍好谋无断，刘表有名无实，孙策只是继承父业，刘璋只是看门的狗，张绣、张鲁、韩遂等都是碌碌小人，不值一提。曹操还给英雄下了一个定义：夫英雄者，胸怀大志，腹有良谋，有包藏宇宙之机，吞吐天下之志者也。曹操认为自己和刘备是天下英雄，这并非自负，从《三国演义》后面的情节来看，他分析的几个人的结局都验证了他的话。曹操的确胸怀大志，他的诗也气度不凡，是建安风骨的代表，这从《短歌行》《观沧海》《龟虽寿》能看出来。“老骥伏枥，志在千里，烈士暮年，壮心不已”成为许多人的座右铭。而提出文章是“经国之大业，不朽之盛事”的正是他的儿子曹丕。

胸襟大小跟人的抱负大小有关系。有远大抱负的人写出来的文章大都气势不凡。南宋的辛弃疾就是其中一个。他出生时，北方久已沦陷于金人之手。祖父常常带着他“登高望远，指画山河”，辛弃疾也亲眼目睹汉人所受的屈辱与痛苦。因此，他青少年时代就立下了恢复中原、报国雪耻的志向，21 岁参加抗金义军，一生坚决主张抗击金兵，收复失地。但光复故国的伟大志向得不到施展，一腔忠愤发而为词，造就了南宋词坛一代名家。其词热情洋溢，慷慨悲壮，笔力雄厚，艺术风格多样，而尤以豪放为主，这一独特的词作风格被称为“稼轩体”。他的名句“千古兴亡多少事，悠悠，不尽长江滚滚流”，“天下英雄谁敌手？曹刘，生子当如孙仲谋”，“了却君王天下事，赢得生前身后名”，等等，都显示出非凡的抱负。有人这样赞美他：“稼轩者，人中之杰，词中之龙。”

文天祥跟辛弃疾有点像，在童年时就很仰慕英雄人物，尤爱读忠臣传。宋理宗宝祐四年，文天祥上京赴考，殿试时，宋理宗亲临集英殿阅卷，把文天祥的卷子提为第一名。卷子拆开一看，理宗觉得文天祥的名字很吉利，高兴地说：“天祥，天祥，这是天降的吉祥，是宋朝有瑞气的预兆。”此后，人们就以“宋瑞”为天祥的字。宋恭帝德祐元年正月，因元军大举进攻，宋军的长江防线全线崩溃，朝廷下诏让各地组织兵马勤王。文天祥立即捐献家资充当军费，招募当地豪杰，组建了一支万余人的义军开赴临安，但最终也未能挡住元军。后来文天祥兵败被俘，在想尽办法逃脱之后，重新抗击元军，又被捕，在监狱关押几年。元军一直想劝降文天祥，但文天祥决不投降，并写下了有名的《过零丁洋》。“人生自古谁无死，留取丹心照汗青”，就是其中最著名的句子。后来，他引颈赴刑，从容就义。《过零丁洋》和《正气歌》之所以名垂青史，与文天祥胸中不平凡的浩然正气是分不开的。

三、写文章要有大手笔

写文章要想有气势，还需要有大手笔。读诸子散文，人们会感觉回到了春秋战国的纵横捭阖；读李白、杜甫的诗句，人们会感觉看到了唐朝的繁荣强大。固然，文章是时代的产物，会打上时代烙印，但文章家们在展现大视野、书写大胸襟时收放自如、游刃有余的大手笔，也是极为重要的。

李白被称为“诗仙”，他的诗天马行空，浪漫奔放，意境奇异，才华横溢；诗句如行云流水，宛若天成。他打破了诗歌创作的固有格式，句式变化多端，常将想象、夸张、比喻、拟人等手法综合运用，达到了信手拈来、出神入化的神奇境界。他写景时，具有一泻千里的气势，如“飞流直下三千尺，疑是银河落九天”，“孤帆远影碧空尽，唯见长江天际流”。他抒情时，有一种排山倒海的气势，如“仰天大笑出门去，我辈岂是蓬蒿人”，“长风破浪会有时，直挂云帆济沧海”。他的诗具有“笔落惊风雨，诗成泣鬼神”的艺术魅力。

苏轼开创了恢宏雄迈的豪放词风。他将传统的表现女性的柔情之词扩展为表现男性的豪情之词，如《江神子·密州出猎》是苏轼最早的一首豪放词，“老夫聊发少年狂，左牵黄，右擎苍”，刻画了一位豪情万丈的老年英雄形象；“千骑卷平冈”，一个“卷”字，突现出太守率领的队伍，势如磅礴倾涛，何等雄壮；“会挽雕弓如满月，西北望，射天狼”，以形象的描画，表达了自己渴望一展抱负、杀敌报国的雄心壮志，充满阳刚之美。《念奴娇·赤壁怀古》是苏轼的另一篇代表作，集中笔墨塑造三国时期青年将领周瑜的形象，借此抒发自己建功立业的雄心壮志和壮怀难酬的悲凉感慨，豪迈奔放的风格极具感染力。

鲁迅是杂文大家，嬉笑怒骂皆成文章。在鲁迅之前杂文还只是末等文学，是受人鄙夷、登不上大雅之堂的小角色；而到了鲁迅手中，杂文却成为斗争的匕首和投枪。在当时那个黑暗的社会中，鲁迅常常以之为武器，冲锋陷阵，打了不少“胜仗”。人们对于鲁迅杂文的风格形成共识：泼辣、犀利、反讽……事实上，何止杂文呢，对于读过鲁迅文章的人，从厚厚的文章中随便抽出一页，就可以一下断定这是否是出自鲁迅之手笔。

毛泽东的文章文势汪洋恣肆，有大江大河奔流之美，有高山伟岸幽谷淡静之美，亦有蓝天流云从容之美。他的《沁园春·雪》被公认为我国文学史上成就极高的诗词作品。全词尽显作者前无古人的巨大胸怀与气魄，具有不可抗拒的艺术感染力。在这首词中，毛泽东表达了这样一个观点：优美的江山常引来各种政治力量的争夺，其中不乏成功者，但他们还称不上“风流人物”。这首词作于1936年2月，即红军摆脱几十万国民党军队的围追堵截，经过万里长征到达陕北后不久，初发表于1945年国共重庆谈判期间《新民报晚刊》和《大公报》上。当这首笑傲史上明君大帝的词篇发表以后，即获好评如潮，重庆上下轰动不已，大江南北争相传诵，一派洛阳纸贵的景象。这是何等的大手笔啊。

大视野、大胸襟、大手笔，都要求我们在写文章时树立大局观。古人说：“不谋万世者不足谋一时，不谋全局者不足谋一域。”文章与党和国家工作全局密切相连，我们只有围绕大局、把握大局、服务大局，坚持从全局的视野观察问题、思考问题、处理问题，才能写出有高度、有深度、有指导意义的好文章。写文章要坚持“万里山河一局棋”，立足庙堂之高，从党和国家事业全局上处理问题，把服务大局的要求贯穿于文章之中，在文章中准确反映中央对相关工作的最新部署、最新要求，紧跟党中央理论创新、实践创新的步伐，使我们的文章特别是讲话类文稿增强全局性、战略性、宏观性，更好地顺应时代要求、符合客观实际，发挥应有作用。

万家忧乐到心头

我这里讲“万家忧乐到心头”，主要是想讲写文章必须有群众观点，好的文章来自于人民，服务于人民。古往今来很多好文章，或以人民群众作为主人公，或以人民群众为歌颂对象。“长太息以掩涕兮，哀民生之多艰”，屈原诗句中流露的悲悯情怀，令人铭记；“先天下之忧而忧，后天下之乐而乐”，范仲淹先忧后乐的济世情怀，令人钦佩；“衙斋卧听萧萧竹，疑是民间疾苦声”，郑板桥心系百姓的感同身受，令人动容。唐朝大诗人白居易提出的“惟歌生民病”的创作主张，北宋大儒张载提出的“为天地立心，为生民立命，为往圣继绝学，为万世开太平”之语，被后代文章家所遵循。这些名言，蕴含着朴素的民本思想，对后世不无借鉴意义。

感情上贴近群众，创作中走进群众，是我们进行文学创作和文章写作的优良传统。2011 年，胡锦涛同志在第九次全国文代会上强调：“一切进步的文艺工作者的艺术生命都源于同人民群众的血肉联系。只有把人民放在心中最高位置，永远同人民在一起，坚持以人民为中心的创作导向，艺术之树才能常青。”在中国现代史上，人民与现实得到文艺家们的重视，贴近人民、贴近现实的创作手法得到文艺家们的推崇。我很欣赏路遥《平凡的世界》一书。20 世纪八九十年代，路遥深入矿区体验生活，用生命写出全景式表现中国当代城乡社会生活的《平凡的世界》，成为一部反映丰富多彩的现实生活的力作。他的精神追求，让我为之震撼，心向往之。许多优秀的文章，正是在与人民群众的血肉联系中，思想得到了升华、精神得到了锤炼。我认为，对写文章的人来说，需要回答的一个根本问题就是“我是谁、为了谁、依靠谁”的问题，只有回答好了这个问题，才能创作出伟大优秀、经久不衰的文章作品。

现在社会正处于转型期，人民群众有很多诉求，我们如何通过写文章表达百姓的心声、写出好的文章呢？

第一，要倾听百姓的愿望。写文章固然可以吟风弄月，但从根本上说，还是要反映群众愿望，真正为群众代言。唐诗宋词元曲是中国人的骄傲，其中一些妇孺皆知、耳熟能详，如杜甫的“安得广厦千万间，大庇天下寒士俱欢颜”，李白的“举头望明月，低头思故乡”，孟郊的“慈母手中线，游子身上衣”，张养浩的“兴，百姓苦；亡，百姓苦”，等等，仔细品读不难发现，这些名句其实都是在表达百姓的感情和心声。《西游记》《水浒传》《三国演义》是中国人最喜爱的文学作品，说起里面的故事，大家如数家珍，如孙悟空三打白骨精、鲁智深拳打镇关西、关羽千里走单骑，实际上这里面都含有百姓的一些朴素情感，如铲除邪恶、维护正义、忠厚仁义。而在西方的文学名著中，像《罗密欧与朱丽叶》《基督山伯爵》《茶花女》《巴黎圣母院》《悲惨世界》《飘》《老人与海》等之所以经久不衰，共同之处都是表现人民大众的喜怒哀乐。仔细揣摩不难发现，心里装着百姓是写好文章的重要尺度，表达百姓的心声是检验文章生命力的重要标准。高明的作者，往往把自己的命运和百姓的命运连在一起，心系苍生，关心民瘼。反映老百姓心声，文章才会具有旺盛的生命力和极强的穿透力，即使时光流转，物是人非，文章仍然会日久弥新、震撼人心。

为什么大人物的演讲文章经常能打动人？是因为这些人物善于把个人的命运和国家、民族的命运联系到一起，善于把老百姓的命运和国家、民族的命运联系起来，如林肯的《哥德斯堡演说》，孙中山的《救国方针》，毛泽东的《愚公移山》，马丁·路德·金的《我有一个梦想》等。毛泽东在《愚公移山》中讲：“现在也有两座压在中国人民头上的大山，一座叫做帝国主义，一座叫做封建主义。中国共产党早就下了决心，要挖掉这两座山。我们一定要坚持下去，一定要不断地工作，我们也会感动上帝的。这个上帝不是别人，就是全中国的人民大众。全国人民大众一齐起来和我们一道挖这两座山，有什么挖不平呢？”毛泽东把人民群众当作上帝，把自己的命运、共产党的命运和人民大众联系到了一起。而这正是他领导的中国革命最终胜利的原因，也是他的文章广受欢迎的原因。

为什么流行歌曲受人欢迎？除了优美的旋律之外，重要的还有打动人心的歌词，能触动人们的心弦。如《一封家书》：“亲爱的爸爸妈妈，你们好吗？现在工作很忙吧？身体好吗？我现在广州挺好的，爸爸妈妈不要太牵挂，虽然我很少写信，其实我很想家。”再如《常回家看看》：“常回家看看，回家看看，哪怕帮妈妈刷刷筷子洗洗碗，老人不图儿女为家作多大贡献，一辈子不容易就图个团团圆圆。”这些歌词都是大白话，最初可能是写给自己亲人的，但它们把握住了所有父母儿女的心，所以能使天下人感动得流泪。

第二，要体验百姓的生活。“问渠哪得清如许，为有源头活水来。”百姓的生活实践就是文章的源头活水。我们要走到生活深处，走进人民心中，把文章创作深深植根于生活、植根于人民，用人民创造历史的奋发精神哺育自己，从社会生活中汲取营养、挖掘素材、提炼主题，在人民的创造性实践中进行艺术创造、实现艺术进步。优秀的作家也都在深入实践中汲取营养。1936 年老舍发表了《骆驼祥子》，写作的念头源于和朋友的一次闲谈，朋友说自己在北平时用过一个车夫，这个车夫自己买了车，后又卖掉，如此三起三落，到末了还是受穷。老舍听了当时就说：“这颇可以写一篇小说。”有了这个念头后，老舍下班路上，遇上车夫，总是要认真体味一番的，也喜欢和他们拉家常。邻居还以为他们是朋友，老舍笑答：是朋友，也是老师，同他们的接触，使我对人生有进一步的了解。

1943 年 5 月，赵树理在太行山区创作了《小二黑结婚》。创作灵感源自一起真实的案件。一对青年男女自由恋爱，结果小伙子被几个把持村政权的坏人迫害致死，最终案情大白，依法惩办了凶手。赵树理还亲自到案发的村子作过调查，他认为青年人自由恋爱结婚应当得到支持和保护，因而萌发了创作意念。所不同的是现实生活中的悲剧在小说中变成了喜剧。《小二黑结婚》出版以后很受欢迎。毛泽东夸奖赵树理说：“太行山出了一个了不起的青年作家!”1947 年，在河北武安县一个小山村，美国记者贝尔登采访了赵树理，他在一篇文章中这样写道：“在解放区，除了毛泽东、朱德，就属赵树理最出名了。”1963 年，赵树理曾经到山西长治黄碾公社曲里村蹲点，据跟他打过交道的村干部回忆：劳动、吃派饭、参加各种会议是赵树理联系群众的好方法；和农民拉家常、讲故事、谈人生是赵树理的拿手好戏，因此，农民和赵树理成了朋友，成了无话不说、无事不讲的好伙伴。老百姓说：“来了个大官，又不像大官；来了个大作家，也不像个大作家，倒像个咱农民的老大哥。”该村党支部书记在一次大会上指着赵树理说：“大家都看过《小二黑结婚》吧，这个戏就是他写的，他是农民作家，是咱老百姓的贴心人，有什么话，有什么意见，尽管给他说，保证能反映到党中央、毛主席那里!”赵树理被称为“老百姓的贴心人”。好作品和老百姓之间是没有距离的，原因是写文章的人和老百姓之间没有距离。现在老百姓仍需要像赵树理这样的作家，去和他们拉家常、讲故事，仍需要《小二黑结婚》这样的“土”作品。

不仅文艺作品如此，理论文章也需要深入基层。1942 年 1 月，张闻天率农村调查团从延安出发，在一年多的时间内，对陕北和晋西北的若干城镇和乡村作了较为详尽的社会调查。1943 年 3 月返回延安，写了《出发归来记》的报告。张闻天在文中指出：“接触实际，联系群众，这是一个共产党员的终身事业”，“任何共产党员，即使他过去既接触实际，又联系群众，只要他一旦脱离实际，脱离群众，他就会硬化起来，走进老布尔什维克的博物馆，做历史的陈列品”。

与中国的作家一样，外国的作家也非常重视体验生活对写作的重要性。英国首相丘吉尔年轻时是靠当战地记者成名的。1895 年 10 月，丘吉尔到古巴体验生活，去之前他和伦敦《每日纪事报》约好，要发回一些战场见闻在报纸上刊登。当时的古巴人民正在抵抗西班牙殖民者，在那里他第一次亲眼目睹了战争的残酷性，为《每日纪事报》写了 5 篇战地报道。这些报道引起了英国读者的浓厚兴趣，并得到上流社会中许多人的赏识。1896 年 8 月，丘吉尔去苏丹报道战争。1899 年 9 月，丘吉尔再赴南非采访战事。回国后，他出版了有关这些战争经历的书。其中一本讲述自己被俘后成功越狱逃跑的经历，出版后受到高度评价，他也因此成为英国人心中的英雄。在短短 4 个月中这本书就发售了 1.5 万册。靠撰写文章、出书以及演讲积累起来的资产和名声，丘吉尔走上了政治舞台。不管丘吉尔当年的目的是什么，他到一线亲身体验的精神和勇气就值得学习。他是用亲身体验在写文章啊！后来，丘吉尔不但当了首相，还拿了诺贝尔文学奖。丘吉尔获得的巨大成功也进一步印证，深入实践、体验生活是多么的重要。

现在，很多人都是待在办公室或窝在家里，天天对着“三块屏”——电视、电脑、手机，尽管不出门也知天下事，但缺少了在基层的真实体验，没有了与劳苦大众心与心的交流，所以很难写出有分量的文章。

第三，要讲述百姓的事理。在创作《小二黑结婚》之初，男主人公的原型是有争议的，赵树理在调查中发现，那个小伙子有童养媳，所以就有人说，有童养媳还和别的姑娘谈恋爱，不守规矩，教训教训也是应该的。但父母之命、媒妁之言正确，还是自由恋爱正确？当然是后者。所以赵树理就把男主人公变成一个大胆自由恋爱的典型。

我经常有机会听到各类报告，但真正爱听的却并不多，这其中原因很多。应该说，多数报告人都进行了精心的准备，极少有哪一个报告是报告人随意应付的。但为什么很多报告效果不好呢？有人说，是报告人不敢讲。的确，现在普遍存在报告人不敢讲的问题，怕传出去出问题，给自己惹麻烦。但我认为，问题主要不在此，重要的是报告人对听众究竟持什么态度，是不是抓住了他们关心的问题。如果报告人也把听报告的人当作知心者，当作“上帝”，那肯定能讲得好；如果觉得作报告纯粹是为了完成任务，那就难以讲好。

在利益群体多元化的形势下，“菜贵伤民，菜贱伤农”，要平衡各方利益，在文章中说出老百姓普遍接受的公道话，不是一件容易的事情。胡乔木曾经担任毛泽东秘书，被称为“中共中央第一支笔”。他在谈到如何起草文件时说过，要寻找群众利益的“最大公约数”。在起草《关于建国以来党的若干历史问题的决议》的时候，胡乔木曾经这样说，为党中央做文稿服务，“要考虑到党内有各种感情，各种要求，要找到这中间的最大公约数，在那个基础上来说话，使尽可能多的人能接受”。毛泽东对他文字能力评价很高，说：“《关于若干历史问题的决议》，别人搞了几个月，没有搞出头绪。他一写，就写出来了。”这启示我们，要写出百姓认可的文章，就要了解不同群体的感情和要求，从中找出利益的共同点或平衡点，然后才能写出百姓普遍叫好的文章。

第四，要使用百姓的语言。就是要避免八股论调，多采用老百姓喜欢的语言和文体。1956 年，《新民晚报》的赵超构提出新闻报道要“短些，短些，再短些；广些，广些，再广些；软些，软些，再软些”。在他的思想指导下，该报纸销量大增。1957 年 3 月，在全国宣传工作会议上，毛泽东对“短些，软些，再短些”的要求基本予以肯定。他这样说：“报上的文章，‘短些，短些，再短些’，是对的；‘软些，软些，再软些’要考虑一下。不要太硬，太硬了人家不爱看，可以把软和硬两个东西结合起来。文章写得通俗、亲切，由小讲到大，由近讲到远，引人入胜，这就很好。板起面孔办报不好。你们赞成不赞成鲁迅？鲁迅的文章就不太软，但也不太硬，不难看。”在华中科技大学 2010 届本科生毕业典礼上，校长李培根院士在 2000 余字的演讲稿中，把 4 年来的国家大事、学校大事、身边人物、网络热词等融合在一起。“俯卧撑”“躲猫猫”“打酱油”“喊你回家吃饭”“蜗居”“蚁族”“被就业”“被坚强”都是他演讲中出现的词汇，让官话、套话、大话、假话走开，他的演讲真性情溢于言表，贴近网络流行，贴近社会现实，贴近学生生活，受到学子们的热捧。16 分钟的演讲，被掌声打断 30 次。演讲结束，全场 7700 余名学子起立高喊：“根叔！根叔！”这启发我们，要避免讲官话、套话、空话，多讲短话、实话、新话，说老百姓听得懂的话。其实，写文章的至高境界，是像聊天拉家常一样和百姓心贴心地交流，把话说到老百姓的心窝里。

文章好比一棵树

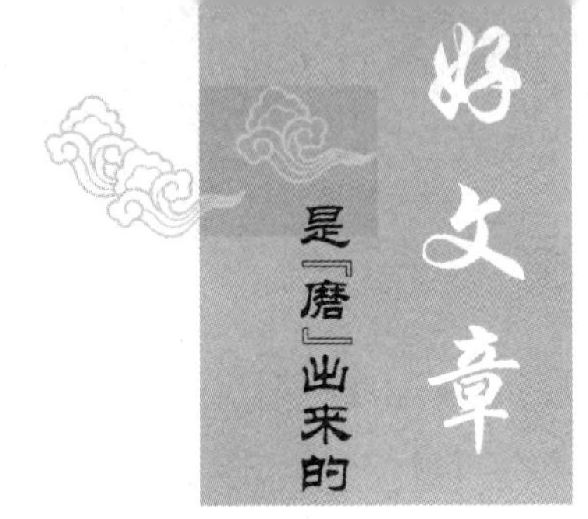

炎炎夏日，人们总渴望能在大树底下得到荫遮，寻得清凉，因为大树枝繁叶茂、覆盖面广。一棵大树，如欲参天，必扎根深土、吸足营养、喝饱水分、伸展枝叶、直达苍穹。一篇文章，如欲流传，需言词扎实、结构严谨、中心突出、层次分明、思想深邃。大树美在整体，文章精于全面。大树千丈高，美文万年传。

有很多人对写文章很犯愁，总感到无话可说，不会确定主题，不会分层次，不会使用材料，因此写出来的文章就不丰满，读起来就没有味道。其实，一篇好的文章，好比一棵生长旺盛的大树，其“主干”强劲，顶天立地；“分枝”清晰，排列得体；“绿叶”繁茂，立体丰富，各个部分之间相映成辉，充满生机活力。怎样才能做到这一点呢？

第一，要确定鲜明的主题。每篇文章都有主题，这是文章的中心所在。文章要表现什么思想，说明什么问题，集中体现在主题上。主题是否正确、深刻、有力，关系到文章的成败。写文章只有确定了主题，才能考虑结构安排、内容取舍、语言运用。因此，选准、选好主题是需要首先考虑的。

文章的主题必须符合客观实际。确定主题要从实际出发，如果不根据现实情况去确立主题，不去解决实际问题，主题再好，也得不到读者的支持，就失去了生命力。

主题不是凭空产生的，它来自现实生活，来自人们丰富的感性认识。我们必须像毛泽东所说，“将丰富的感觉材料加以去粗取精，去伪存真，由此及彼，由表及里的改造制作工夫，造成概念和理论的系统，就必须从感性认识跃进到理性认识”。这实际上就是主观与客观、理论与实践、观点与材料统一的过程。我们知道，金属的提炼要经过多次反复，越到后来它的纯度越高，越接近它的本质。同时，金属矿石的品位越高，提炼起来也就越容易。主题的提炼与金属的提炼十分相似。对感性材料进行反复的提炼，所得到的理论认识就更能接近事物的本质，主题也就越正确；而感性材料愈是典型、深刻，提炼主题也就越容易。

文章的主题必须首尾一贯，从开头经中间到结尾都要体现同一主题，一篇文章的主题只能有一个，如果内容比较多，包括的范围比较广，就需要在更高的层次上确定主题，以达到主题集中的目的。

第二，要精心制作标题。文章的标题与主题密切相关，是主题的概括，是为主题服务的，标题可以起到引导主题的作用。古人云："题好文半。"意思就是说，标题起得好就相当于文章写好了一半，由此可见标题的重要性。

制作标题时要考虑两个方面：一个是标题要确切适宜地体现主题，并与内容相适应。如严肃的主题不能用活泼的题目。斯大林就很重视这个问题。《苏联国内战争史》里有一章讲土地运动的，标题是《土地》，斯大林改为《土地运动的增长》。另一章叫《二月里的乡村》，斯大林说是个风景画，也要改拟。他认为，前者不能确切地概括内容，后者与内容不相宜。毛泽东是拟写文章标题的高手。1948 年，华北解放区开了一次中等教育会议，后来由新华社发了一则新闻和一篇社论。这两篇稿子都是毛泽东批改过的。那篇新闻的原题为《华北召开中等教育会议》，毛泽东改为《华北中等教育会议决定改善中等教育诸项制度》，并且批了这样一句话："凡新闻标题必须有内容。原题无内容，不能引人注目。"那篇社论的原题为《关于中等教育问题》，毛泽东将原题圈掉，另拟了一个题目《恢复和发展中等教育是当前的重大政治任务》。他又批了这样一句话："凡论文标题，亦须有内容。原题没有内容，不能引人注目。"

标题要很醒目，有新鲜感，能够激发人们阅读的欲望。如一篇文章的标题是《丰子恺画画不要脸》。大家都知道丰子恺是我国著名的漫画家，他看到这个标题不由惊诧莫名，而读完全文却拍案叫绝。原来那篇文章竟是赞誉丰先生作画，只寥寥几笔，脸部无眼无鼻，居然惟妙惟肖。这个题目新颖别致，乃至丰子恺若干年后还记得这篇文章。我们都读过作家魏巍那篇著名的通讯《谁是最可爱的人》，其实他最初写的题目叫《自豪吧，祖国!》，后来征求干部、战士们的意见，大家感到这个题目比较一般化，没有什么特点。魏巍经过反复考虑，最后才定下后来这个题目。"谁是最可爱的人"既能引起读者的深思和兴趣，也表达了作家对志愿军战士的崇敬之情，起到了画龙点睛的作用。

在制作标题时，运用多种修辞方法，既可以帮助我们把文章内容表达得更生动形象，又可以帮助我们把文章主题表达得更鲜明准确。如《听取“哇”声一片》，谈的是新词语随着新生活的变化而层出不穷的现象。作者巧用双关，化用古人诗句，仿拟辛弃疾《西江月》“听取蛙声一片”。又如《手术台就是阵地》就使用了比喻的手法。这篇文章把“手术台”比喻为战斗的“阵地”，形象地表达了“手术台”的重要性和特殊性，突出了紧张、危急的气氛，歌颂了战斗在手术台前的白求恩大夫崇高的品质和伟大的国际主义精神。多种修辞方法在标题中的运用，大大丰富了文章标题的表现形式，也开拓了拟写标题的广阔空间。

第三，要合理使用材料。材料是文章的原料、主题的依据、内容的根基，没有材料就写不出文章来。鸿篇巨制《资本论》，就是马克思进行几十年搜集研究的结果。马克思几乎每天从早上 9 点到晚上 7 点在大英博物馆的图书馆研究材料，仅仔细读过做了笔记、摘要的书就有 1500 多种，同时他还搜集丰富的经济文献，进行大量的社会调查，然后才写成这部不朽著作。我们在工作中都有这样的体验，即使是写一份简报、写一个请示，没有材料也是万万不行的，通常所说的“摆事实，讲道理”，就是指要靠材料说话。

从材料的来源上看，有直接得来的材料和间接得来的材料两类。所谓直接材料，即通过作者自身的观察、体验、感受、调查而得到的材料，要获得这类材料必须深入实际，参加社会实践。一方面要在工作和生活中养成观察、积累的习惯，留心各种事物，掌握所在单位、部门、系统、地区的各种情况，关心国家大事，注意有关部门和有关业务的信息。另一方面，要深入下去进行有目的、有计划的调查研究，搜集材料。而间接材料，即通过别人的文章包括各种简报、报告、文献资料、书籍报刊等获取的材料，因为它是别人从实践中得来的，所以叫间接材料。一个人不可能也没必要事事亲身经历，大量的知识、材料是从书本上获得的，包括起草一份总结、一份报告，都需要别人提供材料。

从材料的使用上看，并非所有的材料对写作都有用，要对事实和观点进行取舍，做到广收约取、鉴别选择。那么选择材料的标准是什么呢？一要真实确切。真实是指客观实际是怎样就是怎样，真有其事；确切是指事实的多少、大小、程度、范围以至细节等都准确无误。二要紧扣主题。主题一经确定之后，材料取舍的标准就是主题，能表现主题的就是好材料，用到文章里去，否则必须果断舍弃。三要新颖引人。新颖的材料富有吸引力，新发现的事物、信息、道理，特别指那种代表了新的发展方向、具有强大生命力的事物，新颖的材料指新发生。四要典型有力。典型的材料就是具有代表性的材料，其能反映事物的本质、主流和发展规律。毛泽东指出："材料是要搜集得愈多愈好，但一定要抓住要点或特点。"也就是说，具有典型性的材料，写进文章里就显得有力；什么都写上，"就像挂了一篇狗肉账"，"用处不大"。

第四，要注重谋篇布局。有了主题和材料，不是要一股脑儿地写出来，而是要通过谋篇布局，将观点和材料按轻重缓急、先后次序加以组织、整理、运用，融会贯通。刘勰《文心雕龙·附会篇》说："何谓附会？谓总文理，统首尾，定与夺，合涯际，弥纶一篇，使杂而不越者也。若筑室之须基构，裁衣之待缝缉矣。"意思是说，在总体上把文理安排好，统领首尾，决定繁简弃取，考虑各部分的分合接榫，造成完整的篇章，使得内容虽多却不零乱。就像盖房子先打基础搭屋架、衣服裁好了缝起来一样。"结构"就是以盖房子的间架结构比喻文章的组织安排。盖房要有间架，包括哪里作厅为堂，哪里立柱安梁，哪里留门开窗。文章也要有间架，就是分几部分，怎么开头怎么结尾，哪些先写哪些后写，怎么转接怎么呼应，怎么点题怎么收放。我们说的谋篇布局，实质就是怎样安排文章的结构，以便使观点和材料组织得更加严密、更加合乎事理，从而使之成为有血有肉的有机统一整体的问题。一篇文章的结构安排得是否合理，是文章能否写好的又一个关键问题。文章能展得开、收得拢，结构完整严谨，层次清楚，中心思想突出，行文畅通，前后连贯，这些都是文章结构合理的基本标志。

著名学者金冲及曾经谈到写文章要分清轻重主次，讲得很好。他这样说："一些同志写文章时，不知道什么是重要的，什么是不重要的。结果，文章就平铺直叙，没有轻重主次。其实，一篇文章也好，一本书也好，真正精彩的东西并不多，有那么一两点很独到的地方就不错了。字字珠玑，每一句话都那么高明，没有那回事。打个比方，我们到饭店去吃饭，点一道炒虾仁。其实虾仁就那么一点点，主要的配料是白菜。厨师一定是把白菜铺在盘子底下，虾仁放在白菜上，让你一眼就看到重要的东西。假如这个厨师把虾仁和白菜搅在一起炒，你吃了半天还不知道这盘菜中有虾仁。乔木同志打过一个比方，他说我们从火车站出来，会看见很多广告牌，但多数都是一眼瞟过，只有少数几块能给你留下印象。什么原因呢？要么是这块广告牌特别大、色彩特别鲜艳，要么是摆放的位置特别显著，要么是它反复出现。我记得改革开放初期，到首都机场去，回来时经过三岔路口，有一个广告牌，是丰田汽车的，叫'车到山前必有路，有路必有丰田车'。为什么到现在还会记得呢？因为它放的位置很突出。重要的东西不仅应当浓墨重彩地写，而且放在文章的什么地方也有讲究。我的老师周予同教授说，胡适写文章有个特点，看他的全文的头几句，就知道全篇要写什么，看每一段的头一句，就知道这一段要写什么，正是所谓'立片言而居要，乃全篇之警策'。有的人写了文章给我看，我问他某个问题怎么没有讲到，他说已讲到了。仔细一看，他那一段文字很长很长，而重要的几句话夹在中间草草地带了过去。我说，你放的地方不对，都淹没在一般性的话里了，我看到那个地方时眼睛已经很疲劳，结果重要的话反而被忽略了。另外，对重要的内容，为提醒人们注意，还可以适当地重复，正面说了，再从反面提出问题来加以回答。这叫强调。但对不重要的内容你反复讲，那就叫啰嗦。"

一般来说，文章的结构有三种形式，就是纵式结构、横式结构、合式结构。

——纵式结构，即反映文章的思想体系是纵深发展的。一是按时间前后顺序安排的纵式，如我们写的大事记，就是按时间顺序安排的纵式结构。二是按事件发展过程安排的纵式，如专项工作进度情况报告、专题调查报告，以及对某错误行为的批评性通报等，多采用这种形式布局。三是按事理层次安排的纵式，即按照事物的内在联系分层次地组织结构，如主从、因果、总分、种属等关系，在请示、报告、方案、会议纪要等文体中，多采用这种形式。在按纵式结构安排文章层次的时候，最容易犯的一个毛病就是记流水账。因为这种结构的文章，要按时间顺序或事情发生的先后来安排段落，容易把一段时间里前后发生的事情不分巨细地都记叙下来，把事情的过程和事理层次都毫无遗漏地重述一遍，这样，不但文章必然写得过长，而且也会冲淡中心，不能反映事物的本质。

——横式结构，即文章思想是横向发展的，各个层次之间的关系不是从属关系，而是并列的平行关系。这种横式又具体分为三种：一是按章节条款安排的横式，如各种法规制度。二是按过去、现在、未来安排的模式，如大型工作会议纪要，涉及某一重要方面工作的决定、年度工作计划。三是按情况、问题、今后意见安排的横式，如综合性工作总结、工作情况报告、调查报告等。横式结构是反映事物或认识对象具有多种属性或多种情况的文章结构形式。在按横式结构安排文章层次的时候，最容易犯的一个毛病，就是把认识对象或记叙主体的一切属性或一切方面不管有无需要都像开中药铺似的列举出来，因而在文章的体例上，容易出现一个近乎畸形的大肚子，使人读后，得不到要领。

——合式结构。合式文章思想体系的展开，是纵向和横向穿插进行、交织在一起的，实际上是纵、横式结构，简称为合式结构。这种结构的文章有的以纵向展开为主，有的以横向展开为主。

第五，要理清文章层次。层次是文章思想整体的部分思想，它本身又要具有相对的独立性和完整性。层次不是段落，可以一个段落表现一个思想层次，也可以几个段落表现一个思想层次。分清文章层次要注意以下几点：一是层意要明确。每个层次具有什么思想内容必须是清楚而确定的。二是层意不得重复。在写文章的过程中，很容易犯层意重复的毛病，造成层次不清。文章不管由多少层次组成，每个层次都要有自己相对独立、完整的意思，不能这个层次和那个层次的层意全部或部分是一样的。三是层次要有合理的次序。不同层次的先后要反映事理固有的联系，也要反映逻辑规律的要求，把反映主题的段落，重要的论据，放到突出的位置上去，这样安排层次才是清楚的。

文章层次的划分与衔接，要与文章的逻辑要求相结合。可以采用“并列式”，各层意思并列进行；可以采用“递进式”，层层深入；

可以采用“总分式”，先总后分、从概括到分析或先分后总、从分析到综合。当然，行文时这些方式可以交互使用。要安排好文章的层次，首先，要着眼于通篇格局，整个分几层组织成文；其次，每一个大的层次中可以再分几个小层次，如用小标题（二级标题、三级标题）会更清晰；最后，要注意每一层次内部的结构，也要有次第。这就好像是郑板桥画大竹子的办法，先画好几竿大竹，然后以淡竹、小竹、碎竹经纬其间，便构成文章大局。

需要注意的是，文章的层次之间，有些是需要连缀和贯穿的，使内容虽分几部分，思路却不间断，做到文气连贯，脉络清楚，浑然一体。具有这种功能的是过渡和照应。过渡，是相邻层次的衔接，使得这两层意思能联在一起。常用的过渡方式有三种：第一种是用过渡段，在需要过渡的地方安排一个承上启下的独立段落。第二种是用过渡句，在需要过渡的地方安排一个连接的句子，一般放在后段开头，也可放在前段结尾。第三种是使用关联词语或转折词语，一般放在后段开头，如“总而言之”“由此可见”“综上所述”或“但是”“然而”等。照应，是指不相邻的层次进行呼应、联系。后面说到的，前面要有交待或伏笔，不能突如其来；前面提出的问题，后面要有着落，不能不了了之。借用中国古典小说理论的术语，叫作“草蛇灰线，伏脉千里”，可以勾联上下文，增加整体感和严谨性。照应的主要方法有三种：第一种是首尾呼应，开头与结尾照应，使得“首尾圆合，条贯统序”。第二种是前后呼应，前面提到，后面照应上去。第三种是题文呼应，文中处处照应题目。

无逻辑不成文章

逻辑在现代汉语里具有多种含义，它在不同的场合有不同的含义。有时候它指客观事物产生和发展的规律，如“要研究中国革命的逻辑”，就是说要研究中国革命发展的规律性；有时候它指人的思维的规律性，如“你做出的这个结论不合乎逻辑”，就是说不符合思维规律；有时候它指某种理论、观点或说法，如“强盗逻辑”“霸权主义逻辑”；有时候它指研究思维形式和规律的科学，如形式逻辑。吕叔湘、朱德熙两位语言大师在合著《语法修辞讲话》里说：“要把我们的思想正确地表达出来，第一件事情是要讲逻辑。”写文章要讲逻辑，指的就是思维的科学，主要是指形式逻辑。

形式逻辑是一门研究思维形式结构及其规律的科学，具有四条基本规律，即同一律、不矛盾律、排中律、充足理由律。可以说，这四大规律是正确思维的必要条件，贯穿于整个写作的过程中，体现于每篇文章的各个环节。掌握了这四条规律，并自觉地把这些规律运用于写作，有助于文章条理清晰、论述严密，增强说服力。

一、关于同一律

同一律是指在同一思维过程中，对于思考对象和所使用的概念必须保持同一性。写文章要保证所使用的概念，特别是一些重要的概念，其含义和范围，必须准确一致。否则，文章就会发生混乱，犯“混淆概念”或“偷换概念”的错误。如我们经常看到商场里写着“买一赠一”的广告，有时玩的就是“偷换概念”的把戏。两个“一”的概念内涵大不相同，“买一”的“一”是你要买的东西如一件西服，“赠一”的“一”有可能是一条领带或一个精美的袋子而已，并不是一件西服。

李白也曾因别人偷换概念受过骗，这个人就是汪伦。唐玄宗天宝十四年，李白云游到秋浦，即今安徽贵池。汪伦久闻李白的大名，很想与李白见上一面，于是他就给李白写了一封信，信中说：“先生好游乎？此地有十里桃花。先生好饮乎？此地有万家酒店。”李白平生有两大嗜好：既好游又好饮，见信欣然前往。结果别说十里桃花，就连一棵桃树也没有！酒店倒是有一家，却哪有万家酒店？李白大呼上当。汪伦笑着说：“我说的一点不假。我们这里有一个桃花潭，方圆十里，这不是‘十里桃花’吗？我们这里有一家酒店，店主姓‘万’，这不就是‘万’家酒店吗?”李白大笑。汪伦巧妙地将“十里桃花潭”偷换成“十里桃花”，将“姓万人家开的酒店”偷换成“万家酒店”，从逻辑上说，这就是违反了同一律。华山脚下有个“牛拉面”饭馆，从山上下来的客人去吃饭，看到碗里没有一片牛肉，十分生气，就质问老板。对方说，你抬头看看，我们这里叫“牛拉面”饭馆而不是“牛肉拉面”饭馆，是姓牛的人开的，客人只好忍气吞声。这也是违反了逻辑上的同一律。

违反同一律的又一种情况是在论述过程中，为了某种目的和需要，有意识地用另外一个问题来偷换原来的问题，俗称“诡辩”，逻辑上叫转移论题。转移论题就是把不同的判断当做同一判断来使用，从而使议论离开了原来的论题。如，明代有位姓靳的内阁大学士，他的父亲不太出名，他的儿子很不成才，可他的孙子却考中了进士。这位内阁大学士经常责骂他的儿子是不孝之子。后来，这个儿子和内阁大学士顶了起来：“你的父亲不如我的父亲，你的儿子不如我的儿子，我有什么不成才的呢?”这位内阁大学士听了之后，放声大笑，就不再责备儿子了。看起来这个不孝子反驳他父亲的话似乎颇为有力，其实是转移了论题。他并没有证明自己成才与否，而是偷换成了“你的父亲和我的父亲相比”怎么样，“你的儿子和我的儿子相比”怎么样，回避了自己成才与否的问题。又如，清朝时，某一书生坐于高台之上读书，台高风大，吹得书页哗哗乱翻，书生随口吟出两句诗：“清风不识字，何故乱翻书?”居心叵测之人有意“转移论题”，歪曲“清”字的含义，诬陷书生讽刺清廷没文化，犯了大不敬罪。

同一律在思维或论证过程中的主要作用在于保证思维的确定性。而只有具有确定性的思维才可能是正确的思维，才能正确地反映客观世界，人们也才能进行思想交流。春秋战国时，郑县有个姓卜的人，他的裤子破了，叫他的妻子给缝制一条新的。他的妻子问他做什么样的，他说照原样做，他的妻子把新裤子做好以后，照原样把新裤剪了个洞，丈夫哭笑不得。为什么会闹出这个笑话呢？因为姓卜的在表达思想时很不明确。“照原样做”可以理解为照原样的大小尺寸做，也可以理解为照原样的模式做。说话人的原意是照原破裤的大小尺寸做，而他的妻子却理解为照原破裤模式做，原裤有破洞，新裤当然也应该有破洞。因此，在写作中，遵守同一律是一篇文章论证的基础，否则必然会使思维含混不清，不合逻辑，既不能正确地组织思想，也不能正确地表达思想，读者就会感到不可捉摸、无法理解，更谈不上接受和信服了，说不定也会闹出这样的笑话来。

二、关于不矛盾律

不矛盾律，也叫“矛盾律”，要求在同一思维过程中，对同一对象不能同时做出两个矛盾的判断，即不能既肯定它，又否定它。《韩非子·难一》中自相矛盾的故事就是一个典型的例子。故事是这样的，有一个卖矛和盾的人，先吹嘘他的盾如何的坚固，说：“吾盾之坚，物莫能陷”。过了一会，他又吹嘘他的矛是如何的锐利，说：“吾矛之利，物无不陷”。这时旁人讥讽地问：“以子之矛，陷子之盾，何如?”叫卖的人无言以对了。因为，当他说“我的盾任何东西都不能刺穿”时，实际上是断定了“所有的东西都是不能够刺穿我的盾的”这个全称否定命题；而当他说“我的矛可以刺穿任何东西”时，实际上又断定了“有的东西是能够刺穿我的盾的”这一特称肯定命题。这样，由于他同时肯定了两个具有矛盾关系的命题，因而就陷入了“自相矛盾”的境地。

在写作中，很容易出现相互矛盾的情况。在遣词造句时，如果把反义词同时赋予同一主语，那就会发生文字上的矛盾。这种文字上的矛盾也必然会导致思想上的逻辑矛盾，从而闹出许多笑话。如“他是多少个死难者中幸免的一个”，“船桨忽上忽下拍打着水面，发出紊乱的节奏声”。又如，某地转发中央有关部委的一个通知，“现将某部的《××工作座谈会纪要》转发给你们，请立即组织研究，展开讨论，并根据《纪要》精神，认真贯彻执行。”这则通知一方面提出对座谈会纪要进行研究讨论，另一方面又提出要认真贯彻执行座谈会纪要，这二者是不可兼得的。因为“研究讨论”意味着转发对象尚不成熟，需要进一步深入，还没有达到“执行”的程度；而“贯彻执行”却意味着转发对象已经成熟，已经没有“研究讨论”的必要了。

三、关于排中律

排中律是说，如果对同一思维对象的某一问题，出现了两种互相矛盾的看法时，两者必有一真，从而要求人们在两种互相矛盾的看法中，明确表明自己的态度，做出果断的抉择，而不能把两个都否定掉。

大家所熟悉的“莫须有”的故事，就是一个既不肯定、又不否定的典型例子。南宋初年，大汉奸秦桧诬陷抗金名将岳飞谋反，唆使宋高宗连发 12 道金牌将岳飞召回。虽然秦桧的走狗万俟卨等人用尽一切卑鄙手段，捏造罪名刑讯逼供，但连一件像样的“罪证”也找不出来。然而秦桧在宋高宗赵构的支持下，硬把岳飞问成死罪。当这个案子往上报的时候，抗金名将韩世忠感到不平，就去质问秦桧：“你们说岳飞造反，有什么确凿证据?”秦桧不敢明确回答，只好含糊其辞地说：“岳飞谋反的事情没弄清楚，但是这样的事情莫须有。”韩世忠听了以后气愤地说：“只凭‘莫须有’这三个字，怎么能使天下人心服!”什么叫“莫须有”?“莫须有”就是也许有、恐怕有的意思。面对韩世忠的严词责问，秦桧无言可对，只好用这三个字来支吾搪塞，来个既不肯定，也不否定。秦桧不能明确地回答有，因为他根本拿不出罪证；他又不能明确地回答没有，因为没有罪证就不能定罪，更不能定人死罪。根据排中律的要求，应该在有和没有二者之中肯定一个，不作明确肯定，就违反了排中律。后来，“莫须有”就成了典故，专指用捏造诬陷的办法强加的罪名。

违反排中律的逻辑错误叫做“两不可”。很多文章中容易犯这种错误。如“对待患绝症的病人，有人认为医生可以告知病人实情，有人则反对医生告知病人实情。这两种看法我都不赞成。因为，告诉病人实情，无疑会给病人造成沉重打击，向病人隐瞒情况，又不符合医生诚实服务的医德。”上面的表述看起来貌似客观，还对两种相反的情况进行了具体分析，其实质仍然是违反了排中律。因为“告诉病人实情”、“不告诉病人实情”是互相矛盾的命题，二者必须肯定其中的一个，不可能有第三种选择。

四、关于充足理由律

充足理由律是指人们在说明一个观点时，必须遵循两个原则，一是其所提供的理由和证据必须是真实的，如果理由本身虚假，推断也站不住脚。二是其所提供的理由和证据与其所要证明的观点之间必须有内在的因果关系。如果提供的理由和证据不是真实的，即为虚假论证，如果提供的理由和证据与要证明的观点之间没有内在的因果关系，在逻辑学上就叫“推不出来”。

战国时期，楚国有个文人名叫宋玉，他写了一篇《登徒子好色赋》的文章，除了论证自己不好色，又对在楚王面前说自己好色的楚国大夫登徒子倒打一耙。理由是，登徒子的妻子非常丑陋，头发蓬乱，耳朵不灵，嘴巴秃短，露出几颗稀疏的牙齿，身上生疥疮，屁股长痔瘘。而登徒子竟然喜欢她，并和她生了五个孩子。连这么难看的女人都钟爱，若对漂亮一些的女人不就更甚吗？这就充分说明了登徒子是个好色之徒。由于宋玉是个颇有名气的辞赋家，加上这篇文章写得很有文采，所以不仅取得了楚王对他的信任，就是后来的人也不加分析地引用宋玉这段话，使“登徒子”成为喜好女色、品行不端的同义语，算是遗臭万年了。但根据充足理由律的要求，在论证某一观点时，所持的理由不仅要真实，还要能够推出所要论证的观点。“登徒子和他貌丑的妻子关系很好”，这个前提虽然真实，但从中根本不能推出“登徒子好色”的结论。毛泽东曾十分风趣而幽默地说：“从本质看，应当承认登徒子是好人。娶了这样丑的女人，还能和她相亲相爱，和睦相处，并一连生了五个孩子。照我们的看法，登徒子是一个爱情专一的、遵守《婚姻法》的模范丈夫，怎能说他是‘好色之徒’呢?”另外，要从宋玉的话中推出“登徒子好色”的结论，还必须补加这样一个大前提：“凡不嫌弃妻子貌丑的人都是好色之徒。”但这个大前提是虚假的、不能成立的，这又违反了充足理由律的“理由必须真实”的要求，犯了“虚假理由”的错误。

写作过程中出现违反充足理由律的情况，一个就是虚假论证，由于在写作过程中没有占有第一手资料，引用了错误的数字或道听途说的论据，这样就容易得出与事实不符的结论。比如，某个调查报告上说：“张家村的粮食亩产达到 3000 斤，可见这个村的生产是搞得好的。张家村能搞好，把它的经验介绍出去，别的村也有可能搞好。”这句话从逻辑上说，合情、合理，都是正确的。但是，亩产 3000 斤是否真实呢？其他情况是否确凿？那又是另一回事。另一个就是论据与要证明的观点之间缺乏内在的因果关系，没有针对性和说服力，无法对观点进行有力的论证。如果写作者不够严谨，文章中经常会出现这种“推不出”的谬论。如，“这份文件集中了有关政府部门、专家学者的智慧，对当前经济工作具有很大的指导意义，必然推动我市经济工作迈上重要台阶。”这句话也违反了充足理由律，因为虽然文件很重要，但是如果不能得到很好地执行，是不一定能推动工作上台阶的，因此前者也无法推导出后者。

“一字入公文，九牛拔不出”，除了遵守形式逻辑的四大规律外，在用词方面也要注意逻辑。这方面主要容易出现以下错误：

一是种属混淆。指的是如果概念之间存在从属关系，那么在写作涉及到这两种概念时不能并列提出这两个概念。比如，××部和××部办公厅为大会成功召开作出贡献。这样并列写法是不对的。

二是交叉并列。两个概念有一部分相同的含义，有一部分不相同的含义，则这两个概念就有交叉关系。在文章写作中，不能将互相之间有交叉关系的概念并列。比如，办公室的青年和党员参加了这次活动。这也是错误的。

三是限定与概括不当。用概念表述某个事物或意思时，所用的概念应当能准确地表示所要表示的事物或意思。比如，城镇环境污染属煤烟型污染。用“城镇环境污染”的表述概念太大了，与煤烟型污染相配不当。如果改为“大气环境污染”则就合适多了。

四是标准不一。在同一句子中，划分各子项的标准应该是同一的，用不同标准划分的子项，不能并列在同一句子中。如，党员、团员及处级以上干部要带头遵守纪律。这里党员、团员与处级以上干部不是一个标准，放在一个句子中就犯了概念混淆的错误。

五是判断不准。判断是对事物有所肯定或否定的一种思维方式。判断常会出现错误。如，所有的书籍都是人类的精神食粮。粮食是有利人类的健康的，但书籍并不一定都有利人类的精神健康，所以这个判断是错误的。

1954 年，周恩来在谈到文件的缺点时说："文字含糊而不清楚，笼统而不明确，错杂而不准确；文法混乱而无条理，错误而不通；文义常不合逻辑，更缺少辩证"，这是"今日一般文件的通病"。这个通病至今仍然在一些地方和部门存在。要克服这些通病，在写文章前一定要下大力气理顺文章的逻辑，观点论证、谋篇布局、遣词造句等都要按既定逻辑一以贯之，一气呵成，使之成为一个有机的整体，成为一个严整的系统。写成后还要反复推敲，按照形式逻辑的四大规律仔细寻找、弥补其中的逻辑漏洞，"百密无一疏"，这样的文章才能立住脚、说服人。

文章不写半句空

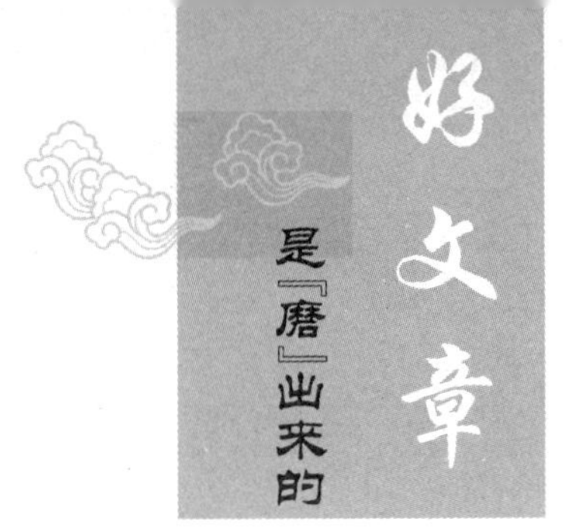

大学时代，对我影响较大的一句话，就是“板凳需坐十年冷，文章不写半句空”。这是著名历史学家范文澜的名言，我的老师彭明教授经常拿这句话启发我。据彭明教授讲，范老生前经常教导年轻人要下苦功，写文章要言之有物，不要发空论。1961 年，他专门针对当时文风不正的现象，发表了《反对放空炮》的文章，对学界影响很大，对当时社会上显现出来的浮夸文风起到了纠偏作用。

从古至今，“文章合为时而著”、文章要经世致用的观点是一脉相承的。文章产生于社会实践需要，为满足社会实践需要而写作的观念自然成为历代文人的一个基本追求。历代的文章大家，也都以自己的文章作品实践着这种观念。能够流传至今的好文章，大多都是在各自的时代对社会发展起到积极作用的文章。中国历史上，有很多文章大家对不良文风抱着强烈的批判态度，如隋朝李谔曾经痛批齐梁文风“连篇累牍，不出月露之行；积案盈筐，唯是风云之状”，“构无用以为用也”。宋朝苏轼则指责一些所谓理学家、心学家自娱自乐的文章“儒者之病，多空文而少实用”，不能体察民众的疾苦，不能反映民心的诉求，不能解决实际的问题。明末清初的黄宗羲批判当时的“清谈文章”是“夫儒者均以钱谷非所当知，徒以文字华藻，给口耳之求，不顾郡邑之大利大害”。晚清的洪仁玕认为当时不务实的所谓文士文章“无非空言假话”，“俱是谗谄赞誉”。值得一提的是，古人还有因为不良文风而获罪的事例，《资治通鉴》记载，隋文帝杨坚即位后，发现很多大臣的奏章盲目追求华丽的辞藻，不重视解决实际问题，认为这种靡靡柔弱、华而不实的文风将导致政治腐败、国势不振，于是专门发下诏书，要求全国公私文书“屏黜轻浮，遏止华伪”，后来泗州刺史司马幼之“文表华艳”，被隋文帝“付有司治罪”，自是公卿大臣，“咸知正路”，“弃绝华绮”。

可以说，实际应用是自古以来文章的主要功能，这也正是古代有识之士反复强调的。宋代范仲淹的《岳阳楼记》之所以广为传诵，正是因为其中不仅指导我们如何做文章，也指导了我们如何做人、做事。西汉的刘向也曾说过“君子之言寡而实，小人之言多而虚”。刘勰的《文心雕龙》中就强调文章不说空话的重要性，所谓“圣文之雅丽，固衔华而佩实者也”。顾炎武认为“文之不可绝于天地间者，曰明道也，纪政事也，察民隐也，乐道人之善也。若此者，有益于天下，有益于将来，多一篇，多一篇之益矣。若夫怪力乱神之事，无稽之言，剿袭之说，谀佞之文，若此者，有损于己，无益于人，多一篇，多一篇之损矣”。鲁迅也提倡有目的、有实际意义的文章，避免为写作而写作，写文章要“有真意，去粉饰，少做作，勿卖弄。”

但是，自古以来也有不少人喜欢讲空话、写空话。明代有个大臣，叫茹太素，写起奏章，喜旁征博引，几百字可以写就的公文，常用套话、空话、官话堆出万言书，惹得“厌听繁文”的朱元璋龙颜大怒，命令将茹太素一顿痛打，于是便有了“朱元璋怒打茹太素”的故事。毛泽东在《反对党八股》中很尖锐地批评过一些人不联系实际、空话连篇的情况。一段时间，我曾经大量翻阅延安时期一些所谓理论家的文章，看了以后，感到的确是充斥着大话、空话，拿马克思、恩格斯、列宁、斯大林的语录吓唬人，唯恐他人看得懂，而且里面大一二三、小 123、甲乙丙丁，开中药铺，正是毛泽东在《反对党八股》中尖锐批评的那种不良风气。如果不是延安整风极大地改变了全党的学风和文风，全党就难以实现马克思主义与中国实际相结合的历史性飞跃，抗日战争和解放战争的胜利就是不可想象的。

当前我们很多人写文章的一个通病就是喜欢引用大话、空话、套话，很多文章晦涩难懂，高高在上，空洞无物，毫无针对性，甚至是把“正确的大实话”拼凑在一起，成为上级文件的翻版和报刊文章的剪辑，看似说了很多，其实到最后什么也没有讲。我在参加调研时，经常听到这样的反映，就是上下一般粗，省、市、县、乡干部都说同样的话，不会联系自身的实际。有些人认为，似乎引用中央文件和报纸上的话最保险、最稳妥、最正确。有的同志写东西的时候，总喜欢放上一些大话，自以为是有水平，实则与自己的身份、所处的场景极不协调。有的同志对政策不熟悉，一看某段话很好，上来就搬用，看起来漂漂亮亮，殊不知这些话早已经过时，或者根本就没有针对性。甚至有的同志写年终总结总喜欢到网上找现成的文章，改头换面就成了自己的，我认为，这是最不应该的。一个人一年的工作是自己亲身经历的，丰富多彩，自己下点儿功夫进行有血有肉的总结是极有意义的事情。如果连这点儿功夫都不肯下，实在是对不起自己。

更有甚者，现在还有很多人不动脑筋地抄袭，闹出了笑话。据报道，公安部消防局主办的“中国消防在线”网站上，开封消防支队与漯河消防支队的宣传材料如出一辙，不同的是漯河政法委书记变成了开封副市长，且开封副市长讲话中竟然有“构建和谐漯河”的字眼，被网友讽刺为“开封指导漯河工作”。其实，这样的情况古已有之。北宋太宗时期，有个叫韩丕的人，文章道德都不错，但是总喜欢找一些内容差不多、文种格式基本类似的旧作作样本，稍作修改就进呈朝廷。所以他每次起草文件，总要花不少时间找样本。一天晚上，皇帝等诏书非常急，韩丕却迟迟交不了稿，原因是管理档案的人不在，韩丕找不到样本。最后，只好把档案库房的铁锁砸开。唐朝有个叫阳滔的中书舍人，也是找不到样本，最后只好把窗户砸开。一个把铁锁砸开，一个把窗户砸开，给后人留下笑谈。参考过去样式是必要的，但是一定要注意针对不同的情况。

那么，如何避免在自己的文章中出现这种情况？

一是要独立思考、有感而发。若要写好文章，一定要使文章所讲的话反映自己的思考和判断，而不讲照本宣科的话，不依赖别人的观点想法。明末清初的唐甄提倡“言，我之言也。名，我所称之名也”，颜元认为“立言但论是非，不论同异。是，则一二之见不可易也；非，虽千万人所同，不随声也”，都是强调独立思考的重要性。我们要学会用自己的话去表达文章的主题，不人云亦云，趋奉迎合。要讲有感而发的话，不讲无病呻吟的话。文章只有情真意切，蕴含丰富哲理，才能让受众在情感上产生共鸣，进而达到心灵震撼、内心信任的效果。胡乔木曾经说过：“文章尽管是讨论工作，但应该有感情，提倡什么、促进什么要有感情，反对什么也要有感情，当然不是专门发挥感情，感情用事，但显不出一点感情来也不好。”一位从事印刷工作的同志写了一篇文章，就理想信念作出阐述：“理想信念既是一个认识问题，更是一个实践问题。就印厂来说，老一代印厂人大多经过严格的党内生活锻炼，自觉用先进的思想武装自己，始终保持政治上的清醒和坚定，老同志在工作过程中言传身教，潜移默化地将可贵的忠诚品质和坚定的政治信念传递给了印厂新兵。与革命战争年代相比，虽然现在面临的不再是血与火、生与死的考验，但依然要面对党性及政治性的考验。印厂人始终牢记着自己的政治责任，一切行动听指挥；始终牢记讲政治是具体的，把做好领导交待的每份工作视为最大的政治。”一般来说，理想信念容易论述的比较空洞，道理大家都明白，你说的话如何让读者信服，这就变得很难了。而这位同志结合自身工作实际，认认真真谈认识，把自己的思想按照事物发展的内在逻辑进行透彻地分析，说明白了经历过革命战争年代的老同志通过工作中的言传身教把坚定的理想信念传递给了年轻一代这样一个浅显的道理，文字情真意切，读起来真挚实在，让人感同身受。

二是要针对性强、解决问题。写文章一定要有很强的针对性，不能搞四面出击，无的放矢。陈云认为，“在某种意义上讲，文章都是围绕问题展开的，问题是文章的基础和灵魂。文章影响力的大小，根本就在于是不是真正抓住了问题，是不是针对普遍存在的问题去写的。”我们在文章写作中，必须注意抓住问题、解决问题，特别要抓住那些“一碰就响”的问题，那些普遍存在的难以解决的突出问题。要对问题进行全面客观的分析，既指出现象，更弄清本质，努力寻求解决这些问题的途径，具体、实在地阐明应对举措。毛泽东的许多文章都是针对实际问题、为了解决问题而作，不管什么时候读起来，都会让人感觉到醍醐灌顶、发人深省。如，《改造我们的学习》一文针对当时党内存在的理论脱离实际、教条主义地对待马克思主义的严重问题，批评许多同志“只会片面地引用马克思、恩格斯、列宁、斯大林的个别词句，而不会运用他们的立场、观点和方法，来具体地研究中国的现状和中国的历史，具体地分析中国革命问题和解决中国革命问题”，“不应当把马克思主义的理论当成死的教条。对于马克思主义的理论，要能够精通它、应用它，精通的目的全在于应用”。又如，抗日战争时期，为批判党内在统一战线问题上存在的关门主义倾向，毛泽东在《论反对日本帝国主义的策略》

中说到："关门主义的策略则是孤家寡人的策略。关门主义'为渊驱鱼，为丛驱雀'，把'千千万万'和'浩浩荡荡'都赶到敌人那一边去，只博得敌人的喝采。关门主义在实际上是日本帝国主义和汉奸卖国贼的忠顺的奴仆。"文章一针见血地抓住了问题的本质，把关门主义批驳得体无完肤，对于纠正党内对统一战线问题的错误认识起到了重要的作用。我们写文章尤其是起草文稿，一定要结合当前的形势和实际情况，针对具体的问题，提出意见和措施，特别是一些领导讲话和政策法规性文件，其目的就是要解决实际问题，必须具有很强的针对性。

三是要贴近实际、言之有物。古人说，"诗贵真，乃有神"。文章反映的是现实的生活和情感的体验，一定要讲生活中符合实际的话，而不讲脱离实际的话，言之有物、言之有益，贴近生活、贴近群众，切忌空泛。空话往往十分唬人，却没有实际用处。邓拓在《伟大的空话》一文中举过一个例子："夫天地者，六合宇宙之乾坤，大哉久矣，数千万年而非一日也"。"天地"、"六合"、"宇宙"、"乾坤"等等大字眼煞有介事地堆砌在一起，但却不知道要表达什么。在阐述观点的时候，要注意用事实说话。中国有句关于写文章的老话："夹叙夹议"，议就是观点，叙就是材料。如果一段话只有很多观点，没有事实作证明，就会空洞无物，使人乏味。《红楼梦》中描写香菱向林黛玉学诗时带出过一段关于诗歌的讨论，香菱说喜欢陆放翁的"重帘不卷留香久，古砚微凹聚墨多"，林黛玉警告香菱不可学这种诗。这是为什么呢？因为这样的诗虽然对仗工整、用字考究，但不贴近生活，不反映独特的现实体验，任何人、任何场景都可以套用。在文章中可以多采用群众语言，群众语言来自于生活，不仅生动形象，而且体现着深刻的道理，特别是有些土得掉渣的群众语言，看似浅实则深，往往蕴含着耀眼的思想火花，能够扩展和深化对自己所要阐述的问题的认识，把深奥的道理简单化，比那些文绉绉的书面语言、高深莫测的哲学语言、空洞晦涩的纯理论语言、强制说教的领导语言，更受欢迎。毛泽东就很注重用人民群众的"大白话"来写文章，且运用灵活，许多大道理在他的笔下让人一听就懂。如，在《反对本本主义》中，毛泽东使用生动形象的比喻来说明调查研究和解决问题的关系，"调查就像'十月怀胎'，解决问题就像‘一朝分娩’”，可谓鲜活自然、恰到好处。又如，毛泽东在强调加强党与人民群众团结的重要性时，把共产党人比做种子，把人民比做土地，提出“我们到了一个地方，就要同那里的人民结合起来，在人民中间生根、开花”。这个比喻，不仅生动、贴切，而且很有思想性。邓小平也是运用群众语言的典范，他的话通俗易懂，生动活泼。如，“不管天下发生什么事，只要人民吃饱肚子，一切就好办了。”制订方针政策要看“人民拥护不拥护”“人民赞成不赞成”“人民高兴不高兴”“人民答应不答应”。他把历史唯物主义的群众观点和党的群众路线，用朴实的语言讲解得非常透彻。邓小平反复强调，“贫穷不是社会主义”“发展太慢不是社会主义”“平均主义不是社会主义”“两极分化也不是社会主义”“僵化、封闭不是社会主义”“计划经济不等于社会主义”，等等。这些论述，虽然表面看起来只是一句句“大白话”。但是，其中凝聚着他多年的深刻思考、包含着丰富的内涵、蕴藏着深刻的哲理。邓小平曾满怀深情地说：“我是中国人民的儿子。我深情地爱着我的祖国和人民。”正是基于这一点，所以他经常讲的是群众语言，反映的是群众的思想和情绪，深为广大人民群众所喜闻乐见。现在，群众化语言也经常出现在中央领导的谈话和报告中，“菜篮子、米袋子”“担子重、责任大”“不折腾”“让人民放心，让人民满意”“让我们一起继续来打拼”，这些生动活泼、亲切自然的话语，虽然很朴实，但却形象到位，入情入理，比起长篇阔论地讲大道理要深刻得多，拉近了与群众的距离，群众也愿意听。

领异标新二月花

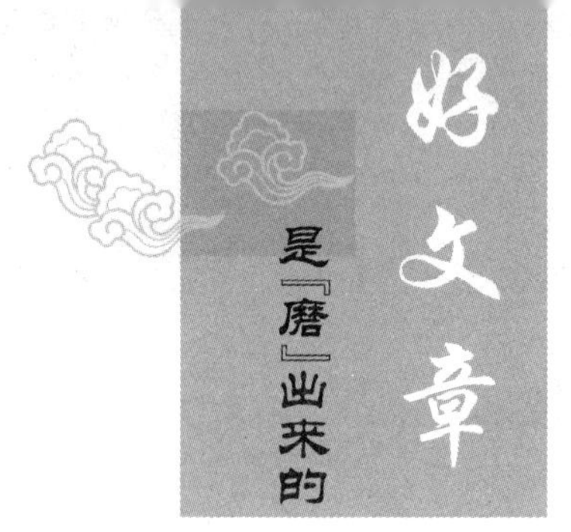

这句话来自郑板桥写的一副楹联：“删繁就简三秋树，领异标新二月花。”运用到文章写作中去就是，文章要像二月的花儿一样新鲜、吸引人，标新立异，与众不同，以新取胜。文贵出新，写文章本质上是创造性劳动。创新是文章的永恒主题，是提高文稿服务水平的不竭动力，也是文稿写作的第一难。戴复古的《论诗绝句》写到：“意匠如神变化生，笔端有力任纵横。须教自我胸中出，切忌随人脚后行。”随人脚后，人云亦云，是文章之大忌。法国作家巴尔扎克说过，第一个用花形容女人的是天才，第二个是庸才，第三个是蠢才。清代李渔说过，“物惟求新”，“新也者，天下事物之美称也。而文章之道，较之他物，尤加倍焉”。唐代诗人崔颢在黄鹤楼上写诗一首：“昔人已乘黄鹤去，此地空余黄鹤楼。黄鹤一去不复返，白云千载空悠悠。晴川历历汉阳树，芳草萋萋鹦鹉洲。日暮乡关何处是，烟波江上使人愁。”后来诗仙李白到此也是百感交集，颇有诗兴，但揣摩半天未能跳出崔诗意境，只好作罢，并坦言道：“眼前有景道不得，崔颢题诗在上头。”李白不愧为诗仙，在写不出新意的时候不愿硬写，宁可放弃。“文起八代之衰，而道济天下之溺”的韩愈力主“惟陈言之务去”，黄庭坚也作诗云“文章切忌随人后”。大家想想，从李商隐的“夕阳无限好，只是近黄昏”，到朱自清的“但得夕阳无限好，何须惆怅近黄昏”，再到叶剑英的“老夫喜作黄昏颂，满目青山夕照明”，若无新变，焉能被人传诵？古人认为，“取人所未用之词，舍人所已用之词；取人所未谈之理，舍人所已谈之理；取人所未布之格，舍人所已布之格；取其新，舍其旧；不废词，却不用陈词；不越理，却不用皮肤理；不异格，却不用卑琐格”。博采众长而求新求变，不落俗套而独树一帜，应是为文者终身追求的境界。

社会在发展，事物在变化，过去的一些好经验好做法，已不能很好地解决我们今天的新矛盾新问题。这就要求我们的文章能够针对新情况，提出新观点，找出新办法，解决新问题。千篇一律的稿子好写，有新角度新概括新见解的稿子难写。“习惯使用锤子的人看什么都是钉子。”毛泽东的老师黎锦熙在回忆录里讲，他在湖南办报时，经常请3个学生抄写稿子。第一位不问稿子内容，什么都抄，连技术性错误都照抄不误；第二位见到稿子中的问题总要提出来，并进行润色；第三位很有思想，见到稿子与自己观点不同，干脆不抄。三个人以后的走向很不同，第一位终生是小职员，第二位田汉是个著名戏剧家，第三位就是毛泽东。当前很多文章拘泥于模式化的条条框框，没有具体化的思想和内容，只有陈词滥调，没有新鲜血液，只有新瓶装旧酒，让人看了觉得似曾相识、毫无新意，无关痛痒、枯燥无味。因此我们在写文章时，一定要有意识地摆脱习惯思维方式和条条框框约束，善于从书本中、从老经验中跳出来，用新的视角看问题，用新的思路想问题，从“新”中求异，不人云亦云。下面我们以写领导讲话为例，谈谈如何写出新意。

领导讲话是机关各类公文中难度最大的，也是一种特殊的“命题作文”，有着自身鲜明的特点，并对文稿起草者有着特殊的要求。一是层次高。领导讲话一般不是针对和着眼于某些局部和具体问题的，而是站在全局和时代的高度，用战略的眼光和广阔的视野来观察、分析和解决问题，政治理论、思想水平和工作层次都很高。这就要求起草领导讲话稿要时时处处站在领导者应有的水平和层次上思考问题。二是权威性强。领导者的地位、身份与职责决定了领导的讲话具有很强的权威性。所以，在起草领导讲话稿时，一定要做到科学严谨、稳妥准确，把领导需要讲的内容精当、恰如其分地反映出来。三是涉及面广。领导的讲话内容十分丰富，不局限于某一方面或某个领域，常常涉及政治、经济、法律、历史、党建等许多方面的知识，可以说什么内容都可能讲到。因此，写好领导讲话稿要视野广阔、知识面宽，尽可能了解各方面知识，尽可能熟悉各领域的工作。四是个性突出。讲话稿最终是要由领导讲出来的，所以必须尊重和体现领导的个性。每一位领导讲话都有自己的风格、特点和要求，有的领导讲话涉及古今中外，喜欢旁征博引、引经据典；有的领导讲话立意高远、气势恢宏，喜欢讲时势；有的领导讲话生动活泼、诙谐幽默，喜欢举例子。因此，起草者必须在体现基本要求的同时，把领导的意图领会清楚、体现充分。

正是由于以上特点，对于从事文稿起草的人来说，写好一篇让领导和听众都满意的高水平的讲话稿不是一件容易的事情。如果讲话稿没有新的思路和写法，很容易老腔老调老面孔，落入俗套，味同嚼蜡，讲一堆正确的废话。没有新意的文稿，领导不愿讲，听众也不愿听。现在领导最不愿讲、大家也不愿听那种“三段式”讲话，即一是提高认识，二是明确任务，三是加强领导。这样的讲话一听就让人昏昏欲睡，没有结合本地、本部门工作实际，没有独立见解，领导讲了也没有什么效果。所以讲话一定要有新意，让人眼前一亮，精神为之振奋，产生共鸣。

一、怎样才能有新意

第一，在观点上求新。领导讲话很多都涉及到老问题，事实上有些工作是年年抓、年年讲。在这种情况下，虽然议题依旧，但观点也应求新。观点新，言人所未言，言人所不能言，文章就有新意。为此要注意以下两点：一是讲新的道理。听众不熟悉的道理显得新。在起草讲话时要关注文中要讲的这些道理。与会同志事前都懂不懂？如果绝大多数人都已熟知的道理，那就没有重复的必要。讲别人不熟悉或不懂的道理，才会使人听了长知识，开眼界，感到有所得。有些道理，虽然人们并不生疏，但是，由于一个时期内讲得少了，根据新的形势，重新强调某些观点、某些道理，并作出一些新的解释，人们也会产生耳目一新的感觉。二是讲新的政策。一项新的政策出台之后，很多人对其中的情况不了解，为了帮助人们加深理解，领导讲话中对新出台的政策措施进行深刻阐述，就容易出新意，引起大家的兴趣。尤其是结合工作中的一些具体问题，把相关政策措施讲深讲透，或者针对人们思想上存在的种种疑虑，进行思想疏导，指出哪种做法是对的，为什么对、哪种做法是错的，为什么错，也是深受听众欢迎的。

第二，在结构上求新。讲话稿结构最忌千篇一律，一定要在脉络清晰的基础上不断创新，给听众以新鲜感。八股文的特点就是墨守成规、不事变化。如八股文章的第一股需要承题，就是按题目的词句先说一段。过去有一个八股文考题是《事父母》，一个考生按惯例以设问起句："夫父母，何物也？……"考官见了，哭笑不得，愤然批道："父，阳物也；母，阴物也。阴阳配合，乃生尔此怪物也。"所以，一定要克服"三段论"式的八股讲话稿，在文章的开头、结尾和主体都要注意变化。文稿的开头要注意先声夺人，给人以深刻的印象，把听众吸引住。如毛泽东 1942 年 5 月 23 日《在延安文艺座谈会上的讲话》的开篇："第一个问题，我们的文艺是为什么人的?"通过提出问题来吸引听众、引发思考。讲话稿的结尾也要注意创新，起到让听众余兴未尽、回味无穷、鼓舞斗志、振奋精神的作用。如毛泽东 1945 年 4 月在中国共产党七大上的报告之结尾："同志们，有了三次革命经验的中国共产党，我坚决相信，我们是能够完成我们的伟大政治任务的。成千成万的先烈，为着人民的利益，在我们的前头英勇地牺牲了，让我们高举起他们的旗帜，踏着他们的血迹前进吧！一个新民主主义的中国不久就要诞生了，让我们迎接这个伟大的日子吧!"通过这精悍有力、调子高昂、催人奋进的话语对听众进行号召或呼吁，从而使与会者为实现既定目标而奋斗。而在《星星之火，可以燎原》一文结尾处，毛泽东以乐观的态度、极其形象的语言高瞻远瞩地指出："但我所说的中国革命高潮快要到来，决不是如有些人所谓'有到来之可能'那样完全没有行动意义的、可望而不可及的一种空的东西。它是站在海岸遥望海中已经看得见桅杆尖头了的一只航船，它是立于高山之巅远看东方已见光芒四射喷薄欲出的一轮朝日，它是躁动于母腹中快要成熟了的一个婴儿。"这段话不仅如诗一般完美，而且构成了气贯长虹的气势，给人以信心、力量、启迪和鼓舞。讲话稿的主体一定要克服刻板的党八股结构，勇于创新，真正做到层次分明、条理清晰，要言不烦、概括精辟，逻辑严密、言之有序。如胡锦涛 2005 年 9 月 3 日在纪念中国人民抗日战争暨世界反法西斯战争胜利 60 周年大会上的讲话，由于篇幅较长，讲话先后用了 8 个"同胞们、同志们、朋友们"来引首每一个层次，分别总结回顾历史、分析中国抗战胜利的原因、概述中国抗战胜利的伟大意义、评述中国抗战和世界反法西斯战争的性质、阐明当今中国维护世界和平与发展的立场、论述新世纪新阶段中国的历史任务、表明我国处理中日关系的主张。通篇讲话虽然不设标题，但依然显得层次十分清楚、内容精辟明了。

第三，在语言上求新。很多伟人的讲话能够影响深远，除了他们有睿智的思想和超人的智慧外，语言往往也非常精彩。在这方面，毛泽东、邓小平堪称楷模。许多读过《毛泽东选集》的人，无论过去多少年，还能大段大段背出里面的话。邓小平讲“改革是解放生产力”、“发展是硬道理”，短短几个字，可以写出几千篇文章。政治家是这样，文人也是如此。文天祥的“人生自古谁无死，留取丹心照汗青”，李清照的“生当作人杰，死亦为鬼雄”，龚自珍的“我劝天公重抖擞，不拘一格降人才”，都是千古绝唱的妙语。要写出有影响的稿子，很重要的是必须有点睛之笔，有突出的亮点和闪光点。“千羊之皮，不如一狐之腋”，就是这个道理。因此我们在文稿起草中要注意培育闪光点，挖掘出一些最精彩的东西，把它突出和烘托出来，这样讲话稿才能有深度、出思想，既让听的人容易记住文稿的中心思想，又在某一领域内叫响了一些提法。事实上，一篇好的讲话稿，可能就因为一两个警句，几十个字，而让人印象深刻、称道引用。如“空谈误国，实干兴邦”“聚精会神搞建设，一心一意谋发展”“权为民所用，情为民所系，利为民所谋”“金奖银奖、不如群众夸奖，金杯银杯、不如群众口碑”，等等，不但通俗易懂，朗朗上口，而且新颖易记，有非常强的指导意义。

一般来说，富有个性、特色鲜明、生动活泼的话，会使领导讲话于平实中见文采，增强内容的生动性。有的领导善于使用修辞手法，使用排比可以使要说明的思想内容更加丰富，逻辑更加严密，层次更加清晰，气势更加恢宏；使用对仗可以使语言整洁优美，读来抑扬顿挫，铿锵有力；使用短句可以使表达的内容意思清楚、简洁明了，富于节奏和韵律。有的领导善于进行语言提炼，讲话中一些原创性语言、格言，如“改革过程中总会伴有阵痛，但必须是阵痛之后变成不痛，而不能越来越痛”，“江山是打出来的，成就是干出来的”，“讲政治人民至上，求真理实践第一”，“总结经验主要不应是文字上搬来搬去，而应是脑子里想来想去”，“把劣势转化为优势，把优势发挥到极致”，类似这样精粹而智慧的句子点缀在讲话中，如明珠般光彩夺目。

二、怎样开掘创新源泉

推进文稿创新，开掘创新源泉是非常重要的。创新不是天马行空、随心所欲，而是需要充足的知识库存、艰苦的实践探索、长期的积淀感悟。要经常深入研究中央的最新精神，研究领导同志关注的重要问题，研究专家学者的学术成果，研究人民群众的所愿所盼，从中挖掘创新的源泉，提炼独到的见解，提出符合中央要求、符合时代潮流、符合人民期望的新命题、新观点、新政策。“世事洞明皆学问，人情练达即文章。”之所以“手上功夫软”，是因为“脚下功夫浅”。我们起草文稿，光有书本知识远远不够，还必须老老实实向实践学习。没有比实践更大的舞台，没有比生活更多的色彩。叶圣陶曾说过：“生活犹如源泉，文章犹如溪水，源泉丰富而不枯竭，溪水自然流过不停。”只有成为工作实践的能手，才可能成为驾驭文字的高手。这个问题，不用多说大家就明白。我认为，最高的境界是，看什么都想到写稿子，力争把实践中最新的东西、精华的东西，都体现到稿子之中。深入开展调查研究，不断向实践汲取新鲜经验，向基层汲取生动素材，向群众汲取营养智慧，是增强文稿起草的针对性、始终保持文稿生动鲜活的重要途径。凡是重要的讲话、文件，都要在起草前进行充分的调研。毛泽东说过，“没有调查，没有发言权”。对实际不了解、吃不透，也就写不到位，写得没有神，没有味道，不鲜活。我自己的经验表明，以调查研究为基础的文稿写作比较容易成功，凡是得到领导同志表扬的往往是我们有调查研究的地方，凡是领导同志改动多的往往是我们调查研究不深的地方。当然，在调查研究中，也要善于抓住那些本质的主流的东西，不然的话，“拿到篮子里就是菜”，反映的问题也很难准确，文章也很难写好。

三、怎样用好创新灵感

推进文稿创新，还要求我们善于利用创新灵感。灵感是创造性思维不可缺少的重要一环。在各种条件具备之后，需要依靠灵感的力量来激活大脑，捅破一层窗户纸，使具有生命力的新命题、新观点、新政策在笔下奔涌而出。乔冠华在谈到他写反法西斯文章的体会时说："我写以前有个习惯，我希望在我写文章以前，我有两三个钟头，什么事情都不做，除掉我要写的文章而外，什么问题都不想，空空洞洞，就想我要写的东西。我印象比较深的是在1943年秋天八九月间，因为化龙桥是在郊外，在山坡上，各式各样的野花都很多。当天晚上我就写了，要赞扬、要欢呼红军的胜利了。我在一条小路上一个人慢慢地散步。忽然从一堆丛林里发出一阵香气，我进去一看是一丛桂花，桂花开了，然后我又继续散步。我得到这点也可以说是灵感吧！我就想起了两句话，因为1942年的八九月，我还在从曲江来到重庆的途中，当时苏军的胜利还没有被全世界的人所认识。到1943年苏军快要打到苏联的国境了，胜利可以说是震撼世界了。所以我想这篇文章的开头应该这么写，就是：忽然之间桂花开放，天南地北只要有桂花的地方，桂冠都应戴在伟大的苏联红军的头上。"创新只会眷顾那些有准备、有思考的人。这就要求我们平时多学、多思、多悟，使自己始终具有充实的头脑、广阔的视野、足够的敏感性，以便随时捕捉灵感的火花。

最后，需要指出的是，对创新也要有一个正确理解。一般地讲，在文稿中使用新材料、概括新情况、作出新表述、提出新观点、阐述新思想，都属于创新。但真正意义上的创新，不是语言形式的创新，而是实质内容的创新，是对理论与实践的突破，是对党和国家某一方面事业的贡献。同时，文章讲出新意，并不是要去刻意求新，甚至搞文字游戏；更不能背离马克思主义立场观点方法，背离党的路线方针政策去标新立异。有的同志为了吸引别人注意，写一些出格的话，甚至违背有关政治原则，这是绝不允许的。

第十二讲

为文喜见风雷笔

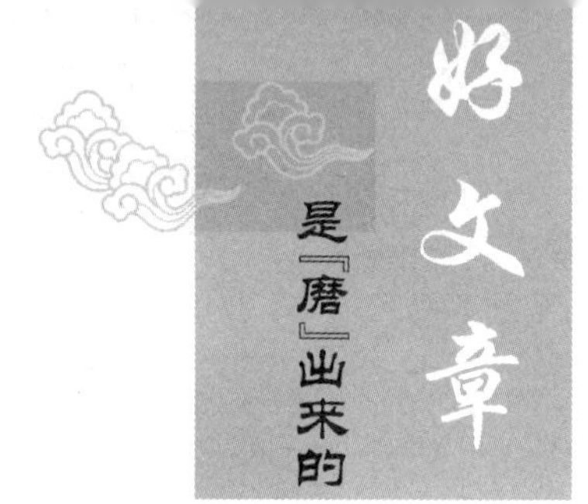

胸中蕴气象，笔下走风雷。所谓风雷，即文章表现出的热烈、豪放、昂扬、雄浑、宏阔的气势。风雷之笔，即是文意通达，有汪洋恣肆、纵横千里之雄浑气势的文章。要达到这种效果，往往运用连续发问、对比感叹和铺陈排比句式，使论证环环相扣、抒情酣畅淋漓、叙述大气磅礴，给人以巨大的逻辑力量和强烈的感染与冲击，读者不仅易受触动，而且会接受其观点。阅读风雷之笔，常能给人以激情、给人以力量、给人以震撼、给人以征服，往往让人产生“身不能至，心向往之”的热切情感。

我很喜欢读《三垂冈》一诗。这是清代著名诗人严遂成的七律，全文如下：“英雄立马起沙陀，奈此朱梁跋扈何。只手难扶唐社稷，连城犹拥晋山河。风云帐下奇儿在，鼓角灯前老泪多。萧瑟三垂冈下路，至今人唱百年歌。”中国古人留下了浩如烟海的诗歌，其中咏史诗所占的比例不大；而在咏史诗中，写战争而且令人过目难忘的，比例就更小。而严遂成这首七律，写的恰恰是中国历史上战乱最多的五代的一次典型战役。这首诗不仅以战争为题材，而且写了父子两代英雄：唐末天下大乱，群雄逐鹿，李克用从代北沙陀族少数民族中崛起，一生征伐，创立了“连城犹拥晋山河”的基业。在他身后，李存勖父死子继，又是一生征讨，消灭后梁政权，统一中原，建立后唐。《三垂冈》气势非凡，让人百读不厌。

《隆中对》是我喜欢读的另一篇好文章。该文因顺应东汉末年天下大势而名垂千古，全文读下来一气呵成，说服力极强。“将军既帝室之胄，信义著于四海，总揽英雄，思贤如渴，若跨有荆、益，保其岩阻，西和诸戎，南抚夷越，外结好孙权，内修政理；天下有变，则命一上将将荆州之军以向宛、洛，将军身率益州之众出于秦川，百姓孰敢不箪食壶浆以迎将军者乎？诚如是，则霸业可成，汉室可兴矣。”在此篇之中，诸葛亮的雄才大略显露无遗，他也终被刘备三顾茅庐的诚意打动，出山成为刘备的军师，从此之后刘备采取的重要战略皆基于此。《隆中对》可谓指点江山的千古文章。

此外，还有一些关注国家命运、满怀忧国之情的名家写的文章，也是气势如虹，激情澎湃。如岳飞的《满江红》："怒发冲冠，凭栏处，潇潇雨歇。抬望眼，仰天长啸，壮怀激烈。三十功名尘与土，八千里路云和月。莫等闲，白了少年头，空悲切。靖康耻，犹未雪；臣子恨，何时灭？驾长车，踏破贺兰山缺。壮志饥餐胡虏肉，笑谈渴饮匈奴血。待从头，收拾旧山河，朝天阙！"此文一出，将英雄一腔热血的壮志豪情和满怀救国之志展露无遗，字字句句如大江大河，气势滔滔。生于北宋末年的岳飞，亲眼目睹了华夏的山河破碎，国破家亡，他少年从军，以"精忠报国""还我山河"为己任，转战各地，艰苦斗争，为的是"收拾旧山河"。这首词所抒写的即是这种英雄气。上阕通过凭栏眺望，抒发为国杀敌立功的豪情，下阕表达雪耻复国、重整乾坤的壮志。"三十"两句，自伤神州未复，劝人及时奋起，可为千古箴铭，而"八千里路"严峻激烈的复国征战，尚露热血之奋搏，遂以"莫等闲"自我激励，实现其驱除胡虏、复我河山之壮志。《满江红》写于靖康之难以后，岳飞以满腔的热血、慷慨的激情，抒发了自己杀敌报国的决心，使全词具有强大的鼓舞力量。千百年来，每当中华民族处在危难之时，这首词便成为鼓舞士气、激发斗志的光辉诗篇。再如辛弃疾的《破阵子》："醉里挑灯看剑，梦回吹角连营。八百里分麾下炙，五十弦翻塞外声，沙场秋点兵。马作的卢飞快，弓如霹雳弦惊。了却君王天下事，赢得生前身后名。可怜白发生！"这首词，抒写了辛弃疾梦寐以求、终生不变的抗敌救国的理想，为我们勾画出一个壮志未酬、悲壮激越的沙场勇将的形象。

能行风雷之笔，是作文章的妙境之一。"文以气为主"，风雷即气的化生，写出风雷之笔，必须积情养气、厚德阔识。要在实践中努力提升高超之识见、积蓄热切之情感、培养浩然之正气、谨修厚重之道德，让内在之"气"充盈涨溢，形成非吐不快之"情"，催生发言为文之"势"。写出风雷之笔，还要科学运用结构章法、修辞字句，才能形成"笔落惊风雨，诗成泣鬼神"的文魄笔势。

一、起笔要旗帜鲜明

形成风雷之笔，必须主旨明确，起笔言简意赅、开宗明义、直奔主题，提倡什么反对什么，表扬什么批评什么，树立什么破除什么，都要旗帜鲜明。只有起笔时直奔主题，才能集中笔墨，有的放矢，切中要害，才能吸引读者产生非读不可的感觉，这样的文章才有影响力。如毛泽东在《中国社会各阶级的分析》中，开篇就直奔主题："谁是我们的敌人？谁是我们的朋友？这个问题是革命的首要问题。中国过去一切革命斗争成效甚少，其基本原因就是因为不能团结真正的朋友，以攻击真正的敌人。……我们要分辨真正的敌友，不可不将中国社会各阶级的经济地位及其对于革命的态度，作一个大概的分析。"寥寥数语，不仅很有气势，而且旗帜鲜明，不仅表明自己的立场，而且点明作文动因，激发读者继续读下去的强烈兴趣。除了要旗帜鲜明，还要紧扣时代的脉搏。从古至今，人们评价一篇文章的价值，最根本的一点就是看它是否反映了时代要求、把握了时代脉律，能否为时代发展服务。如果脱离开对时代的关注，对现实问题的关切，为文章而文章，即使旗帜鲜明，也会因无的放矢、无关痛痒而被人忽视；文章的气势再大也难以引起共鸣，只会变成自说自话的词藻堆砌。这方面《论持久战》值得学习。《论持久战》这篇论文式的著作，之所以被称为经典，就在于它在抗日战争初期就对抗日战争做了全景式论述，将抗日战争分为几个阶段：第一个阶段，是敌之战略进攻、我之战略防御的时期。第二个阶段，是敌之战略保守、我之准备反攻的时期。第三个阶段，是我之战略反攻、敌之战略退却的时期。文章还提出了依靠人民进行全面抗战的思想，以及夺取抗日战争胜利的战略战术原则。现在我们重读《论持久战》，都会感到与当时抗日战争的历史完全对应，甚至可以说是抗日战争的总结报告。这篇文章的力量，不是来自文字，而是真实地反映了抗日战争的时代本身，既有力批驳了"亡国论"和"速胜论"的错误论调，又科学地表明了中国共产党在抗日战争中的战略方针，对指导全国人民夺取抗日战争的胜利发挥了重要作用。

二、下笔要透彻传神

“意贵透彻，不可隔靴搔痒”，形成风雷之笔，要让描述的事情逼真传神、形象生动，引起读者共鸣；要让观点的论证丝丝入扣、深刻透彻，带动读者接受。描述要用词准确精辟、朴实通俗。如范仲淹在《岳阳楼记》中写洞庭湖之气势：“衔远山吞长江”，“衔”和“吞”，两个动词出神入化，赋予洞庭湖宏阔的气势，给人无限的遐想空间。毛泽东在《改造我们的学习》中，评价一些人是“墙上芦苇，头重脚轻根底浅；山间竹笋，嘴尖皮厚腹中空”，十分贴切地描绘出主观主义者的本质。刘勰在《文心雕龙·论说》中指出，“论如析薪，贵能破理”，把道理讲透彻，关键要像按照木材的纹理劈柴一样，深入到事物的内部和深层，把握住事物内在的特征、本质和规律。只有下笔深刻透彻，才能形成掷地有声的气势，才能无懈可击、令人信服。苏洵所写《六国论》，通篇始终扣住“弊在赂秦”的论点展开分析，文章开篇开门见山提出观点，即“六国破灭，非兵不利，战不善，弊在赂秦”。紧接着引出第一个论点“赂秦而力亏”，随后以答疑的形式引出第二个论点“不赂者以赂者丧”，最终落脚到“六国破灭，弊在赂秦”。虽寥寥数语，却观点显豁，环环相扣，丝丝入理，从而形成一气呵成、文气连贯、说理透彻的雄辩之气势，使其盛传千年而不衰。

三、走笔要酣畅淋漓

“情以物迁，辞以情发”，文笔之风雷气势，是强烈情感的真切流露，走笔时只有将充溢心中的真情实感表达得酣畅淋漓，才能震撼人心、引起共鸣。比如，毛泽东在《中国人民从此站立起来了》一文中激情呼唤：“让那些内外反动派在我们面前发抖吧，让他们去说我们这也不行那也不行吧，中国人民的不屈不挠的努力必将稳步地达到自己的目的。”油然而生的豪情壮志陡然壁立，催人振奋、令人鼓舞。又如，鲁迅在《“友邦惊诧”论》行文中有一段文字：“好个‘友邦人士’！日本帝国主义的兵队强占了辽吉，炮轰机关，他们不惊诧；阻断铁路，追炸客车，捕禁官吏，枪毙人民，他们不惊诧。中国国民党治下的连年内战，空前水灾，卖儿救穷，砍头示众，秘密杀戮，电刑逼供，他们也不惊诧。但学生的请愿中有一点纷扰，他们就惊诧了。”这段文字，用词准确、生动犀利、一针见血，对国民党反动派卖国投降的无耻行径的愤恨之情表达得痛快淋漓，形成火辣辣的逼人气势。从中可以看出，在表达真情实感时，除了感情的真与深外，还要注意运用恰当句式。臧克家在《有的人》中写到：“骑在人民头上的，人民把他摔垮；给人民做牛马的，人民永远记住他！”通过运用对比和感叹句式，使爱憎之情跃然纸上、强烈分明。乔冠华认为，“只要你有强烈的时代激情，你写出来的东西就带感情”。他还说，“我和所有的广大读者一样，是用满腔的热情来写文章的”，“一句话，我不写干巴巴的文章。我觉得写干巴巴的文章没意思”。古人云：“不精不诚，不能动人。”只有在走笔时挥洒真情、说真心话、讲真情况、揭真道理，才能使风雷之势迸发笔端、动人心魄。

四、收笔要余味悠长

“言而无文，行之不远”，脍炙人口的名篇佳作，不仅通篇文采斐然，而且收笔意蕴丰富，让人回味无穷。比如，鲁迅在《纪念刘和珍君》一文中，通过交待写作背景、追忆死者往事、揭露被虐杀真相，不断激起情感波澜，连续掀起惊心动魄的文章高潮，最后用“苟活者在淡红的血色中，会依稀看见微茫的希望；真的勇士，将更奋然前行。呜呼，我说不出话，但以此记念刘和珍君！”用非常压抑的情绪和充满悲情的语言收笔，让人唏嘘感慨，与全文整体格调相呼应、相交错，形成通篇汪洋恣肆的动人气势。做到收笔回味悠长，要注意运用鲜活的语言，而生活中的语言往往是最鲜活生动的。鲁迅曾说：“名人的话并不都是名言，许多名言，倒出自田夫野老之口。”生活中流行的语言，只要善于学习、提炼，准确恰当地放到文章中去，都会使文章增势，焕发出时代的勃勃生机。鲁迅就是我们学习的典范。

行文能见风雷之笔，不是一蹴而就之功，而需要长期坚持不懈的积累和训练，特别要有“铁肩担道义”的气魄。自古以来，能为千古文章者，无一不是以天下为己任、敢为天下抒忧愤的。屈原爱国之心至死不渝，其壮举与《离骚》相辉映；杜甫对国家一草一木、一时一事俱系于心，其诗被誉为“诗史”；范仲淹“先天下之忧而忧，后天下之乐而乐”，故有《岳阳楼记》传世。在这些文字的背后，都饱含着对国家、对人民真挚的感情和深切的牵挂。一篇好的文章，一定有着高尚的为民情怀、深刻的思想哲理、丰厚的历史积淀，充满着人性的光辉和张力。只有“铁肩担道义”，文章道德才能千古流传。如果没有对道义的担当，文章写得再好、辞藻再华丽，也只是华而不实、轻若鸿毛，肯定行而不远。我们只有以“韦编三绝”的勤奋，研读大家经典文章，认真汲取营养和方法，以忧国忧民的情怀关注社会现实问题，将真情实感凝于笔端，才能练就“吐纳珠玉之声，卷舒风云之色”的风雷文笔。

第十三讲 写文章要看对象

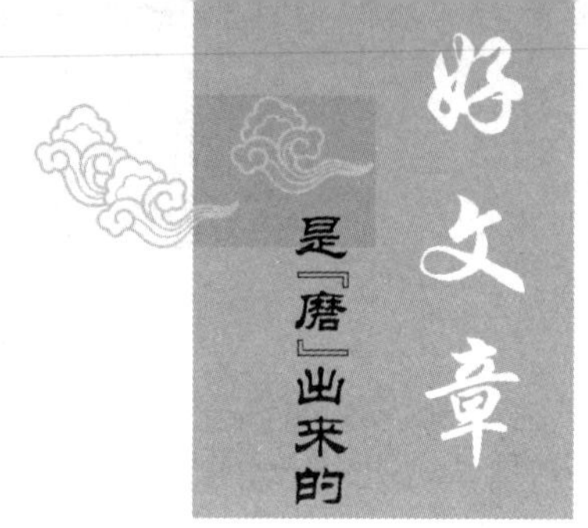

毛泽东曾经总结过党八股的罪状，其中一条就是："无的放矢，不看对象。"我理解，写文章之前必须要搞清楚两个问题，一个是谁在说？说什么？一个是对谁说？怎么说？有些年轻同志写的东西之所以拿不出手，不是学历学位不高、文字技巧不行，而是对工作业务不够熟悉、对实际情况不够了解，对文章要解决什么问题、听众或读者关心什么问题摸得不准、吃得不透。我们首先要搞清楚这两个问题，找准调、搭好架、选好料、增强味，写出来的文章才会"皆大欢喜"。

一、谁在说，说什么

首先要确定的问题就是我们写作服务的对象，即"谁在说"。当我们为领导起草文稿时，就必须意识到，我们只是"代言人"，领导才是"发言人"。不能颠倒位置，以"我"为中心，想写什么就写什么，想怎么写就怎么写，把自己的观点强加给领导。如果这个都没搞清楚，随心所欲地"我手写我口"，那只能是"干活不依东，累死也无功"。

搞清楚"谁在说"，还要知道"说什么"。"横看成岭侧成峰，远近高低各不同"。人的思维方式与其所处的层次有很大关系，对同一事物、同一问题，站在不同的角度会得出不同的结论。要想准确地领会、表达领导的意思，不是一朝一夕、一蹴而就的事情，需要作长期不懈的努力。为领导起草文稿，必须学会把自己放在领导的高度和位置，"关起门来当领导，小人物说大话"。

第一，要"不在其位，学谋其政"。我们要大胆进行换位思考，自觉养成从领导的高度考虑问题的习惯，学会站在领导的高度观察问题、思考问题、解决问题。第一，要知道"上面"的。凡领导了解的大事都应当了解，领导考虑的重要问题都应当考虑，尤其要把注意力放在对全局工作的了解和考虑上。中央的有关政策方针要了然于胸，有关政策方针的新动态、新表述要及时掌握。第二，要了解“下面”的。本单位本部门的具体业务要主动熟悉，基层的实际情况和人们的思想动态要细致了解，这样写出的稿子才能既符合大政方针，又脚踏实地、言之有物。第三，要跟踪“外面”的。要有战略眼光和国际视野，密切关注地方和国外的热点问题，这样才能更广阔、更深刻地理解国家的各项政策。第四，要增加“里面”的。写文章实际是考验自己认识问题、分析问题、解决问题的能力，不仅要认真学习掌握辩证唯物主义和历史唯物主义的一些基本原理、基本观点，而且必须深入思考分析并内化为世界观和方法论。有些同志看问题比较偏激，有的爱钻牛角尖，思考问题不够大气，研究问题时“打横炮”、“乱放炮”，都与其理论素养不够、思想方法和工作方法欠缺有关。

第二，要善于通过各种途径去揣摩领导意图。领导一般只提出原则要求，对意图的交代较为粗略。这就需要我们在日常工作中时刻做一个有心人。不仅要多听多记领导在各种正式场合、不同时期的讲话，还要在非正式场合中领导零碎的甚至随意流露出来的言谈中发现领导思想的“闪光点”。这样日积月累，不仅可以了解和掌握领导的思想观点和主张，而且可以了解和掌握这些观点和主张形成的依据与全过程，从而把握领导的思想脉络，为全面准确地领会和体现领导的意图奠定良好的基础。古代文人经常随身携带一个所谓“诗囊”。一到春秋佳日，就带着诗囊到郊外去寻句，想到了，立即用纸条记下，收入诗囊，存储多了之后，再拿来整理、拼合。我们可以借鉴这个办法，也随身带上一个“诗囊”，随时记下领导对于某件事情的看法、表述，提出的某些见解、措施，时间长了，通过点点滴滴的积累，细心的揣摩，就能够摸清领导的“口味”。要经常与领导进行互动，比如先列出提纲，提出观点，找机会和领导讨论问题，提前了解领导想讲哪几个方面的问题，想讲到什么程度，等等。对于领导的授意要反复琢磨，反复领会，力求吃透。在此基础上，将领导的授意与平时的观点、主张联系起来，并根据中央的路线、方针、政策加以充实和完善，使领导的思想观点条理化、系统化、理论化。要学会对领导的修改进行总结反思。领导对于文稿的修改，是他多年实践经验的集中体现，许多思想精髓都蕴含其中。看到领导的修改意见后，要反复揣摩：为什么领导要这么改？带着这个问题思考并找到答案，在下一次起草文稿中自觉向正确答案靠拢，就是不断提高的过程。有人说，把握领导意图可分为三种境界：初级境界是能把领导说的准确表达出来；中级境界是能和领导想到一块，你写的正是领导想说的；高级境界是想到领导之前，你写的正是他想说而一直没说或者他根本没有想到的。从这个意义上讲，领会领导意图不是机械呆板的，而是要发挥主观能动性，敢于和善于对领导的观点进行加工，对领导意图进行扩展和完善，使领导意图得到丰满和升华，既全面准确体现领导意图，又把自己的见解观点融会其中，做到两者有机结合。

第三，要善于量体裁衣。不同领导的思维习惯、性格特点不一样，语言风格也不一样。有的喜欢庄重严谨，见解深刻；有的喜欢文采飞扬，热情洋溢；有的喜欢朴实无华，娓娓道来；有的喜欢风趣幽默，妙语横生；有的喜欢旁征博引、引经据典。如毛泽东的讲话文稿气势恢宏、行云流水、文采飞扬，使人感受到宏大的气魄和深厚的文化修养；邓小平的讲话文稿短小精悍，有的放矢，寓深刻哲理于朴实的叙述之中，使人感受到务实的精神和果敢的作风。这就要求我们学习领导、研究领导，掌握领导的话语体系，做到文章风格与领导的性格气质相契合，浑若天成。对于领导的惯用语和点睛之语，要通过一定的加工润色之后尽量吸收，写到文稿中去。这样不仅有利于体现领导的意图，而且还能够较好地体现领导的个人风格和工作特色。

二、对谁说，怎么说

写文章的目的就是为了表达思想和看法，引起读者的共鸣，如果“三诵而不知何题”，这篇文章就没有价值。毛泽东在《反对党八股》一文中说：“射箭要看靶子，弹琴要看听众，写文章做演说倒可以不看读者不看听众吗?”因此要弄清楚自己的文章、演讲、谈话是给什么人看的、给什么人听的，否则就等于下决心不要人看、不要人听。

第一，要善于根据实际场合、听众对象等情况确定讲话内容。不同场合、不同时机的讲话，要求是不一样的。大会场合还是小会场合，国内场合还是外交场合，是到基层调研还是参加重要活动，是有主题地研究还是一般了解情况，讲话的立意、篇幅、侧重点都不同。有时听讲话的人数多少也影响讲话的风格，人多的时候就要有些阵势之言，人少的时候就要讲得贴己一些。对取得成就的先进单位、获得奖励的劳动模范和先进人物，要多鼓励、多鞭策，要求他们珍惜荣誉、再接再厉，以自己的模范行动带动更多群众，在本职岗位上为改革开放和现代化建设再立新功。对需要关心帮助的弱势群体，如困难家庭、下岗职工、残疾人员、受灾群众，要多关怀、多慰问，引导他们增强信心，增强勇气，克服困难，做生活的强者，等等。1966年3月8日至29日，在21天的时间里，邢台地区连续发生5次6级以上地震，其中最大的一次是3月22日在宁晋县东南发生的7.2级地震。这次地震震源深度9公里，震中烈度为10度，给人民群众的生命财产造成了极大的损失。周恩来赶到现场慰问广大受灾群众，发表了以“自力更生、艰苦奋斗、发展生产、重建家园”十六字方针为主要内容的讲话。这十六个字切实应时，响彻全国，成为人民群众面对灾难时的行动纲领。

第二，要把握听众心理使讲话“中听”。要了解听众的心理、愿望和要求，弄清楚他们所关心和迫切需要解决的问题，设身处地为听众着想。只有适合听众，才容易被他们接受，才能使讲话具有针对性，取得应有的效果。如果不看对象，无的放矢，即使再下功夫，说得天花乱坠，听众也会感到索然无味，甚至会产生逆反心理。出现“对牛弹琴”的情况，往往是“弹琴者”的问题。《吕氏春秋》里有一个故事，孔子走累了在路上休息，他的马逃脱了束缚，吃了别人的庄稼，农民把马牵去了。一贯能言善辩的子贡自告奋勇地去说服那个农夫，争取和解。可是，他满口之乎者也，天上地下，将人道理讲了一串又一串，尽管费尽口舌，农夫就是听不进去。有个刚刚跟随孔子学习的弟子对农民说：“您不是在东海种地，我不是在西海种地，我的马怎么可能会不吃你的庄稼呢?”结果农民觉得很有道理，把马还给了他，说：“说话就要这样明白了当，怎么能像刚刚那个人那样!”毛泽东就非常注意讲话要让听众听得懂。他在向战士做说服教育工作时，特别注意语言的深入浅出，简单明了。一次，他在给战士作演说时讲了这样一段话："同志们，我们是革命队伍，必须懂得革命道理，懂得为谁打仗。但革命的道理很多，马克思、恩格斯和列宁等革命领袖写了很多书，我们不可能一下子掌握那么多，我今天就讲'二、三、四'三个字，这三个字的道理，请大家一定用心记住。我说的'二'字，就是讲两种战争。古今中外发生了许多战争，打来打去，只有两种，一种是正义的战争，一种是非正义的战争。现在我们共产党人、红军战士就是要用正义的战争反对帝国主义、国民党反动派的非正义的反革命战争。我说的'三'字，就是我们在红军队伍里必须遵守三大纪律。红军是革命的队伍，要有革命的纪律，否则便是一盘散沙，不能统一行动，这样就不能打胜仗，革命的纪律要求我们不能侵犯工农的利益，哪怕是一个小小的鸡蛋和红薯都不能拿。我说的'四'字，就是说红军要做好四件事：一是打土豪分田地；二是建立工农武装；三是建立革命政权，和国民党反动派对着干，用老百姓的话讲，就是建立我们的苏维埃政府；四是建立地方党组织，领导大家和地主老财斗，与反动派斗。"毛泽东只用了这几句简短的话语，加起来还不到 500 字，却把为什么要革命、怎样革命的大道理讲得清清楚楚。

第三，要注意言语的生动、鲜明。领导讲话不求长篇大论，但求深刻生动，能吸引听众听得下去。要做到这一点，适当加入俗词俗语，排比比喻，恰当地引用都是非常有益的。有时候，一段很长的文字还抵不上一句名言、一句俗语。语言引用得好，常有"画龙点睛"、"锦上添花"之奇效。对那些约定俗成的道理，普遍流传的常理，我们不必写得太多、太复杂，可适时适地引用名言、警句、俗语，也就是要讲点人人心中皆有、人人口中皆无，听了让人拍案叫绝的话。当然，引用、修辞不是刻意做作，而是恰到好处，既要追求语言的演说效果，也应体现讲话的逻辑效果，避免出现"画蛇添足"的现象。毛泽东在与人沟通时，常以渊博的学识、敏锐的思维、丰富的联想和恰到好处地运用比喻，或引用那些既富有哲理，又生动有趣的成语、典故，来启发他人了解自己的意图和想法。1958 年 3 月 22 日，在中央召开的成都会议上，毛泽东在讲话中引用了几十个历史典故。为了反复强调解放思想、破除迷信，他一开头就用《西厢记》中惠明挺身突围给白马将军送信搬取救兵一事，来提倡中国要多出现一些像惠明那样勇敢而又坚定的人。接着，毛泽东就提到戏剧《法门寺》中“站惯了，不敢坐”、十足的奴隶主义者贾桂，又讲了中国儒家们对孔子不敢直呼其名孔丘，也是一副奴才相，其后则讲了李贺敢于直称汉武帝刘彻之名，甚至称之为“刘郎”，鼓励人们不要怕名人。在讲话的后半部分，毛泽东讲到封建统治阶级的好大喜功时，则讲了禹王惜寸阴，孔子“三日无君则惶惶如也”、“席不暇暖”。当讲到说话要选择时机讲究策略时，则提到了明朝反对奸党魏忠贤的东林党人由于策略失误而失败。当讲到敢讲真话时，则提到了比干、屈原、朱云、贾谊等人，并引述了《红楼梦》中王熙凤说的“舍得一身剐，敢把皇帝拉下马”的话。在这篇讲话中，引用典故最多的还在中间部分，阐述了自古以来创新思想、创新学派和发明创造者大多数是青年人的内容。其中提到了孔子、李世民、孙中山、章太炎、康有为、释迦牟尼、马克思等 20 多位历史人物。同时，在讲话中，毛泽东还讲到了一些反面的历史人物，如考茨基、普列汉诺夫、袁世凯、段祺瑞等。总之，这篇讲话引用典故之妙，实在无人能够与之相比。

毛泽东善于运用比喻，或即景生“比”，或以古喻今，无不突出一个“巧”字。无论是用比喻来抒情，还是来说理，毛泽东都是随口道来，信手拈来，既无斧凿之痕，又不落入俗套。他在写文章或讲话中使用的比喻，不仅以其生动形象而被赋予鲜活的生命力，以其幽默风趣令人忍俊不禁，而且以其通俗性令人叫绝。毛泽东在《反对党八股》一文中就尖锐地指出，“党八股的第四条罪状是：语言无味，像个瘪三”，“他们的文章，就没有多少人欢喜看；他们的演说，也没有多少人欢喜听”。乔冠华在讲到自己写作经验时也说：“就我来讲，为了表达一个思想，我不惜用一切的比拟，古今中外，文学上的比喻，我能够用的，我就拿来用，这都是工具嘛！就像打仗一样要攻破这个敌人，什么武器都用，只要能够有点结果都用。”

第四，要善于使用针对特定对象的特定语言。俗话说，到什么山上唱什么歌，雷锋日记里写到，“对待同志要像春天般温暖，对待工作要像夏天一样的火热，对待个人主义要像秋风扫落叶一样，对待敌人要像严冬一样残酷无情”，就是具体问题具体分析。在起草领导讲话时，对国防科技人员，要求他们“发扬两弹一星精神和载人航天精神”；对医护人员，要求他们“发扬救死扶伤的人道主义精神”；对公安干警，要求他们“坚持人民公安为人民的思想”；对交通运输人员，要求他们“牢固树立安全至上、服务至上的意识”，等等。另外，“呕心沥血”往往用于教师，“无私奉献”往往用于劳动模范，“不畏强手”往往用于体育健儿，“攀登高峰”往往用于科技人员，“自主创新”往往用于企业人员，“健康长寿”往往用于老人，“快乐成长”往往用于儿童，等等。

需要指出的是，要把“谁在说”、“说什么”，“对谁说”、“怎么说”这两个问题彻底搞清楚，不是一天两天的事，要靠长期的刻苦学习，长期的实践积累，要经历过无数次的推翻重来。有个在省里办公厅工作多年的朋友曾对我说，当领导对你写的东西不再进行大的修改；当领导对你报送的材料只是翻看一下题目就签发；当领导忙的时候委托你独立处理各种材料时，表明领导对你已经非常放心、非常认可了。到了这一天，你就能算是一个合格的文稿人员了。我想，这就是把“谁在说”、“说什么”，“对谁说”、“怎么说”这两个问题搞清楚了。

第十四讲

佛家只说家常话

安徽九华山有副名联：“非名山不留仙住，是真佛只说家常。”说家常话，浅近通俗，人所共知，否则玄之又玄，莫名其妙，如何普度众生？写文章也是一样，话家常，抒真情，深入浅出的文章让人爱读、耐读。佶屈聱牙、生涩难懂，故作高深、装腔作势，只会使人生厌。佛家只说家常话，为文也当臻于“只说家常”的质朴之风。

古往今来，凡成大家者，文风大都朴素无华。被奉为经典的《论语》以记言为主，文中那些震古烁今的哲理无不是孔子和弟子间说的“家常话”。140 卷的《朱子语类》，内容丰富，析理精密，记述的也尽是朱熹与弟子的家常问答。毛泽东是伟大的战略家、理论家，也是文章大家，其“枪杆子里面出政权”、“党指挥枪”、“没有调查没有发言权”、“从群众中来，到群众中去”等重大命题，皆举重若轻地以家常语道之。郭沫若曾由衷地感慨，“思想内容很艰深的东西，到了毛主席的笔下和嘴里，就变得非常容易懂”，“听了毛主席讲话，好像热天吃了冰激凌，又好像疲倦后喝了一杯热茶”。就在 20 年前的春天，中国改革开放和现代化建设的总设计师邓小平视察南方，揭开了改革开放新阶段的历史大幕。这位 88 岁高龄的老人以自己的亲身体验，向人们讲述了这样一个道理：马克思主义并不玄奥，是很朴实的道理。对于中国经济怎么发展的问题，不少经济学家大书特书，邓小平只用一句平白如家常的“白猫、黑猫，捉到老鼠就是好猫”，就将深刻的道理生动地揭示出来，令人茅塞顿开。艾思奇是个思想深刻的学者，70 多年前，才 20 多岁的他就撰写了《大众哲学》一书。这本书并无高深莫测的道理、艰涩难懂的词句，却以平凡的真理、朴实无华的文字赢得了无数的读者，影响了几代人。《中国大百科全书·哲学卷》对他的评语说：“长期从事马克思主义哲学研究、宣传和教育工作，十分注意把马克思主义哲学通俗化和群众化。他在 1934 年发表的《大众哲学》曾经对广大群众特别是青年起过启蒙作用。”

“为文勿乖巧，拙朴自大家。”“只说家常”是一种质拙、朴实的文风，拙中蕴巧、朴中藏实，拙朴之中蕴含着真理的力量、人格的光辉。真理是从群众的实践中提炼出的思维精华，而绝不是脱离群众脱离实际纯粹书斋里的空洞逻辑推导。我们经常可以看到一些文章著作，从书本到书本，从推理到推理，辞藻华丽，但却言之无物，令人生厌；看似高深，但却晦涩难懂，拒人于千里之外。这些并不是适合群众需要的文章。事实证明，文章只有以朴实的面貌出现在群众面前，并掌握在群众手里，才能成为巨大的物质力量和持久的精神力量。

写文章时要把道理讲清楚，把事物分析透，有说服力，而不是靠五光十色的华丽外衣去掩饰，或者靠装腔作势去吓人。著名学者金冲及这样认为：“文章是写给别人看的，不是自言自语。既然是写给别人看的，就得处处替看的人着想。要考虑到他所关心的、有兴趣的是什么，要考虑到哪些是他已经知道的、哪些是他还不知道的。众所周知的话要少说两句，大家还不清楚的要多说几句，而且要努力说得透一些。现在有很多文章，我在看的时候，不少地方我常用眼睛瞟过去，但有些段落，甚至就那么几句话，却会用心看上两三遍。为什么有些话要瞟过去？因为这些话我已经知道，已经在别的地方看到过无数遍。只看头几个字，后面的都知道了。但如果有新内容，那就得仔细看。我们写文章时，估计人家眼睛会瞟过去的地方，不如自己先把它删掉；不能不讲的，或者不讲就接不上气的，就尽可能用简略的几句话把它说过去。反过来，如果读者不清楚的，那就要交代明白。胡乔木同志改东西时，如果看到某个人们不太熟悉的人物，他都要求交代清楚这是个什么人。即使是大家都知道的人，他有时也要求交代清楚这个人那时是干什么的。总之是处处要考虑到读者的需要。”

善说家常的文章更能说服人、打动人。说“家常话”须抓住两点：一要准确、鲜明、生动。“震天下者必震之于声，导人心者必导之于言。”提倡什么、反对什么，都要旗帜鲜明，不能含糊其辞。毛泽东在《工作方法六十条（草案）》中指出，文章和文件都应当具有这样三种性质：“准确性、鲜明性、生动性”。准确，就是要准确地反映客观实际，做到文如其事，如实恰当地表达出来，让人读后明白无误；鲜明，就是要观点突出，主题鲜明，不然文章就没有一面旗帜，吞吞吐吐，不知所云。生动，就是要有分析有论证，这种分析论证不是空论或口号式的“吆喝”，而要阐理新鲜、遣词活泼、引人入胜。二要合乎人们惯常的思维逻辑。人的思维方式一般是先提出问题，然后分析问题，最后解决问题。写文章也应遵循这个规律，就像胡乔木说的那样，“应该和读者处在平等的地位，尊重对方，把问题提出来，把事实摆出来，一层一层地进行分析，与读者一起思考，一起探讨，自然地共同得出结论，不要有那种强加于人的味道”。这样的文章才使人心悦诚服。

文风是文章风格的体现，也是时代风气的反映。先秦时期百家争鸣，各派学说竞相登场，为阐述主张，严密论证、深入说理，形成了各自独特的文风。《论语》平实质朴，《孟子》笔力雄健，《老子》清远深邃，《庄子》汪洋恣肆，等等。诸子散文不仅成就了中国文学史、思想史的一段黄金时期，也真实记录了那个时期竞争、开放的时代风尚。魏晋南北朝是中国历史上的“清谈时代”。门阀士族们失去了追求功业的雄心壮志，醉心于安逸奢华的生活。不能在武功上有所建树，又要显示其高贵的地位和血统，只好在文章上力求表现，于是创作讲究词藻、讲究用典、讲究形式的骈体文就成为一种风尚。但空洞无物的文风，也恰好印证了那个时代浮靡轻艳、华而不实的风气。

文风是党风、政风的体现。文风表面看是文章的风格、特点问题，但其关乎学风，实质是党风的折射和政风的体现。20 世纪 40 年代的延安整风，作为我们党的历史上一次伟大的思想解放运动，就是从整顿文风开始的。毛泽东对党八股进行了淋漓尽致的批判，提出要创造人民群众喜闻乐见的具有中国作风和中国气派的马克思主义新文风，对党确立实事求是的作风发挥了积极作用。当前，许多群众就是通过文风了解党风、政风，许多干部就是透过文风体认党风、政风。可以说，文风关系着我们党在群众中的公信力，关系着我们党在新时期的凝聚力，关系着群众对党和政府的向心力。大力纠正不良文风，积极倡导优良文风，已成为新形势下加强和改进党的作风建设的一项重要任务。中央对文风问题高度重视，多次强调要改进文风。党的十六届四中全会明确提出："从中央做起，改革会议制度，大力精简会议、文件和简报，切实改进文风。"党的十七届四中全会指出，"从领导机关做起，大力整治文风会风，提倡开短会，讲短话、讲管用的话，力戒空话套话。"

什么是优良文风？衡量的标准只有一个，就是看群众欢迎不欢迎、喜欢不喜欢。从这个角度讲，优良的文风就是要只说"家常话"，实事求是地反映人民的心声，不炒作概念，不搞文字游戏。这需要在讲短话、讲实言、用妙语、增美感上下功夫。

1. 要在说短话上下功夫。讲短话，就是要言简意赅、要言不烦、言止意深。刘大櫆在《论文偶记》中说："凡文，笔老则简，意真则简，辞切则简，理当则简，味淡则简，气蕴则简，品贵则简，神远而含藏不尽则简，故简为文章尽境。"把"简"称为文章的"尽境"，也就是最高标准。三言两语，可掷地有声；三五百字，亦流芳百世。我国最早的文献汇编《尚书》中的文章都不长，最早的诗歌汇编《诗经》中的篇目也很短。讲修身、齐家、治国、平天下的《大学》仅 1052 字。儒家经典的《中庸》含标点符号也只有 4281 字。美国第一任总统华盛顿，其连任时的就职演说只有短短 135 个单词，却意蕴丰富、真切感人。英国首相丘吉尔，1948 年应邀在牛津大学作题为"成功秘籍"的专题演讲。他演讲的全文是："我成功的秘诀有三个：第一是，决不放弃；第二是，决不，决不放弃；第三是，决不，决不，决不放弃！我的演讲结束了。"铿锵简短，寓意深刻，至今读来仍令人荡气回肠。

文章不在长短，而在内容。说短文章没有分量是不准确的，《论语》都是一篇篇比较短小精悍的文章，然而表达出来的道理和意蕴却是非常深厚的。可以说，几十个字抵得过一大篇文章，这就是有内容的东西。老子著述《道德经》只有 5000 字，但却富有哲理，是道家思想的重要来源，被奉为道教经典。实际上，文章应该有话即长，无话即短，不要有意拉长或将不该省的话省略。文章长短要视具体情况而定，宜短则短，宜长则长。要坚持内容决定形式，有些非长不可，篇幅短说不明白的事情则可以长些。《庄子》上有这样几句话："长者不为有余，短者不为不足。是故凫胫虽短，续之则忧；鹤胫虽长，断之则悲。"这个道理同样适用于写文章。

作短文并不容易，需以小文含大文的才能。精辟的短文往往是数千言甚至上万言的凝练，蕴含着深厚的文字功底。所以才有众多的文人“删繁就简三秋树”，不断精简自己的文章。刘勰在《文心雕龙·风骨》里提到“简约是文章之道，不能瘠义肥辞”。文章写得简明，眉目清楚，是为了更好的阅读和理解。文章枝蔓芜杂，就会导致思路不顺，难以卒读。

2. 要在讲实言上下功夫。讲实言，就是要坦陈直言，知无不言，言无不尽。就是要讲符合实际的话，不讲空洞无物、不切实际的话；要讲管用的话，不讲无关痛痒、不着边际的话；要讲有感而发的话，不讲照本宣科、无病呻吟的话。“立言以诚”是为文的根本。语言，如果是真诚感情的自然流露，即使不用修辞，也有感人的力量。从事文字工作，必须先从诚意做起。写文章不虚伪造作，投机取巧，而应如明镜、清泉，让人读后深受触动。语言的华丽也许能吸引一时，但却不能让人铭记一世。李白写诗的时候讲究“清水出芙蓉，天然去雕饰”，才写出如此飘逸浪漫的佳句。愈是刻意求工，愈难达到效果。有时候，兴之所至吟出的诗篇往往具有感动人心的力量。落在纸上的文字一定要是内心真实的想法，不能作伪说假话、写谎言。冯友兰在“批林批孔”中曾经写过一本违背自己本意的小册子《论孔丘》。后来他对这一失误痛悔不已，曾深刻剖析说，“我在当时的思想，真是毫无实事求是之意，而有哗众取宠之心，不是立其诚而是立其伪”。实话实说、直陈肺腑，彰显的是一种品德，诠释的是一种责任。《随想录》是巴金晚年创作的一部杂文集，巴金直面“文化大革命”带来的灾难，直面自己人格曾经出现的扭曲，用真实的写作，填补一度出现的精神空白。《随想录》使作者达到了文学和思想的最后高峰，更在当代中国产生了巨大影响。

《中庸》中说，“诚者，天之道也；诚之者，人之道也”。这里作为“天之道”的“诚”，可以说是客观存在的规律和法则；“人之道”就是要去努力把握客观存在的规律和法则，从而获得真理性认识。从这个意义上说，写文章不仅要说心里话、真心话，而且还要争取让自己说的心里话、真心话有真知灼见。许多时候，一个人说的虽然是实话，但不一定是符合客观规律的真理，有时候甚至是谬误。如何才能让文章做到求真理、立真言呢？关键是“博学之，审问之，慎思之，明辨之，笃行之”。只有这样，才能接近真理、认识真理、说出真理，否则，难免说一些套话、空话甚至完全错误的话。

3. 要在用妙语上下功夫。讲妙语，就是要避免老生常谈，多用浅显、新颖的语言说明深刻的道理，用真诚的语言打动读者。毛泽东的文章之所以深入人心，广为传诵，一个重要的原因就在于他经常使用生动形象和妙趣横生的语言，使那些在一般人笔下枯燥乏味的文章流露出一种看得深、悟得透、说得妙的美学光泽。《整顿党的作风》一文有这样一句话：“主观主义、宗派主义、党八股，现在已不是占统治地位的作风了，这不过是一股逆风，一股歪风，是从防空洞里跑出来的。”可谓比喻恰当，妙语连珠，着实让人忍俊不禁。2006 年，胡锦涛在美国耶鲁大学的演讲：“进入耶鲁大学的校园，看到莘莘学子青春洋溢的脸庞，呼吸着书香浓郁的空气，我不由回想起 40 年前在北京清华大学度过的美好时光。学生时代，对人的一生都会产生重要影响。当年老师们对我的教诲，同学们给我的启发，我至今仍受用不尽。”娓娓道来的语言，让人感到亲切真诚。

4. 要在增美感上下功夫。优秀文章往往富有美感。美是一瞬间迸发的灵感，是诗意的闪现。那么怎样让文章给人多些美感呢？很重要的一条就是要富于变化，在文章形式上有所创新。这也是增添文章美感的重要因素，文章多些正反对照，对比烘托，就有情绪，就比泛泛而言强得多。文章多举例，用事实加以论证，比单纯的讲些理论要强得多，也易于理解。文章加些古语和经典，格式再有些变化，有些曲折、波澜，这样就有了色彩，有色彩就有了美感。特别是写作理论性强的文稿，更要形象化，这样才不至于使人看了枯燥乏味。

心如日月，文方有日月之光。用质朴的语言化鸿篇巨制为涓涓溪流，如春风化雨，润物无声，是写文章追崇的最高境界，我们应当努力为之。

第十五讲

功夫在诗外

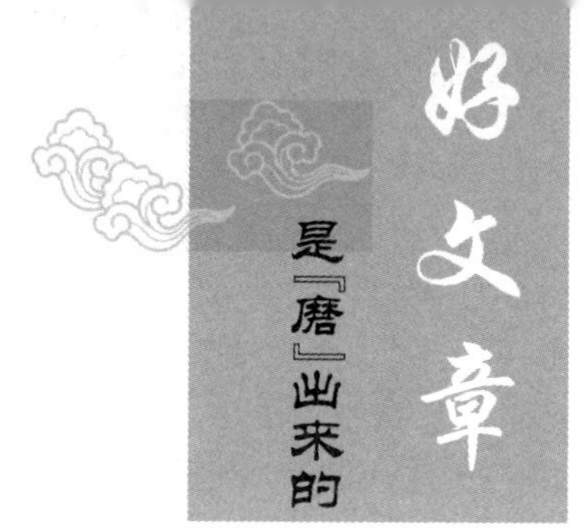

我经常对年轻的朋友讲，干任何工作，都要把功夫下在平常。“平时多流汗，战时少流血”。平常多下功夫，写作时就会少走弯路、少丢面子、少栽跟头。南宋陆游《示子》诗中说：“汝果欲学诗，工夫在诗外”，就是说学写诗，功夫要下在平时，才能到关键时下笔如神、倚马可待、挥洒自如。著名学者金冲及在谈到文字工作者的素养时说：“一个人从事文字写作需要具备的素质主要有三个方面：一是要有比较宽的知识面。政治、经济、文学、历史等，多少都要知道一点。有人说，这些知识到需要时去查查就可以了。但是假定你的知识面不宽，该到哪里去查也不会知道，甚至根本弄不清楚需要查些什么。那样，你的眼界就很窄，只能就事论事地谈一些事，不能从更大的背景下去理解它。二是要有思考和解决问题的能力。无论做哪一项工作，都有一个提出问题、分析问题、判断和解决问题的过程，这非常重要。拿写文章来说，毛主席在《反对党八股》中讲过，一篇重要的文章，特别是带指导性的文章，总得要提出一个什么问题，再加以分析，然后综合起来，得出一个结论，给以解决问题的办法。可见，文章写得怎么样，其实是对一个人思考问题、解决问题能力的一种检验。三是要有语言和文字表达的能力。再好的思想，如果语言和文字能力差，表达不出来，那就等于零。古人说过，言之无文，行之不远。现在我们选拔人才，文字能力如何，也是一个重要的条件。如果这个人写的文章别别扭扭，内容空洞，逻辑混乱，语言干巴，他的综合素质是要大打折扣的。”金冲及认为：“以上三点是一个文字工作者的根本。你从这个岗位转到那个岗位，即使专业完全不同，但如果这三个方面的条件比较好，你就会很快适应和取得进步，可以说到哪里都用得着。”要想具备金冲及说的这几种能力，写出好的文稿，就要在平时狠下功夫、多流汗。

但平时多流汗，就一定能达到理想效果吗？有些人平时忙得不可开交，但却没有多少进步，水平也不见提高。究其原因，是没有找对路子、用对方法。由此可见，平时多流汗，还要注意用劲和用对劲的分别，如果用不对劲、南辕北辙，流的汗越多，效果可能越差。在写文章方面，平时多流汗，应注重做好以下几方面工作。

一、善于学习是根本

学习是文稿服务工作者的安身立命之本。一个人若要写出一篇好的文稿，首先是学习。古往今来，一些优秀的作品，无一不是作者在广泛阅读的基础上，发挥创造力，写出的富有个人特色的佳作。白居易即是如此，他的策、判、赋都成为当时士子奉为圭臬的宝典。我认为，做好文稿服务工作，必须努力做到“思路宽、眼界宽、胸襟宽”，成为知识结构丰富、文化积淀深厚、道德品质高尚的有血有肉的人。要实现这样的目标，必须加强学习。据我观察，越是会写文章的人，越善于在平常加强学习。要本着缺什么、补什么的原则，广收博览地学、融会贯通地学、只争朝夕地学，向深夜要时间、向节假日要时间、向提高工作效率要时间。要把学习当成一种政治责任、一种精神追求、一种工作手段，紧密结合文稿服务工作需要，结合自己的“短板”，有针对性地学习，做到厚积薄发、触类旁通。

一要学理论。理论是行动的指南。要在广泛学习政治、经济、历史、文化、科技等多方面理论知识基础上，重点系统学习中国特色社会主义理论，这是我们党制定路线、方针和政策的理论依据，是科学的领导方法和工作方法的理论基础。只有真正吃透理论，做到广知博识、运用自如，才能始终在文稿起草中把握正确方向。

二要研政策。文稿是党和国家政策的有效载体，要写出成功的文稿，不仅要在文字技巧上下功夫，更需要在研究政策、把握政策、提出有效明确的政策，进而做一个“政策通”上下功夫。对我们有用的知识很多，好比若干个同心圆，最里面的核心圆就是政策，对我们最管用，一定要认真学好。有些人写的稿子之所以还达不到应有水平，自己也不满意，就在于对核心圆内的政策还不熟悉。要分专题系统研究中央有关政策，把握政策历史沿革，形成政策知识体系。要将重要政策分解成要点进行集中归纳，牢牢把握政策精神实质和关键表述，在文稿起草中始终把握政策尺度。此外，还要注意学习党和国家事业各个方面的前沿政策，全面准确地掌握政策，真正把政策学精吃透、学好用活。要积极适应变化了的实际，主动进行“版本升级”，不断研究现行政策的效力和适用性，不能把过去的政策当成现在的政策，把过去的精神当成现在的精神。

三要求新知。新知识、新概念、新表述、新思想，都属于新知范畴。要始终保持强烈求知欲，发扬“挤”的精神，在繁忙的工作生活中挤出时间学习，针对自己的知识结构“短板”，突出学习重点，采取有效方法，不断掌握新知识、增强新本领、开阔新视野。而且越是不熟悉的东西越要学习，因为人的知觉范围像个菱形，太熟悉的东西不想知道，根本不熟悉的东西也不想知道，一定要改变这种想法。高尔基在《我怎样学习》里说，“差不多每本书都给我在没有认识过的世界里打开了窗户”，“我愈读得多，书本便愈使我跟世界亲近，生活对于我愈变成光明，有意味”。杜甫说过“读书破万卷，下笔如有神”。只有“博览百家”，大量阅读不同行业的相关材料，汲取营养，分析其框架结构，了解不同场合所需的不同表达方式，不断打牢理论功底，扩充知识储备，更新知识结构，才能在写文章时真正做到厚积薄发、运用自如。

二、注重积累是关键

庄子说：“水之积也不厚，则其负大舟也无力。”文稿质量是起草者综合素质积累的集中体现，写出高水平的文稿，必须有深厚的积淀。这就好比在银行存款一样，只有平时不断零存，用时才能做到整取。黄庭坚说，士大夫三日不读书，“对镜则面目可憎，向人则语言无味”，讲的是积累的重要性。梁启超写《清代学术概论》，本来是应朋友之邀为一本书作序，但写起来不能自已，洋洋洒洒，成了超过原书内容的一个大序，只好单独成书。非洲有一种能够长得很高的“尖毛草”，被称为“草地之王”。在最初的半年里，它几乎是草原上最矮的草，地面上的部分只有一寸高，人们甚至看不出它在生长。但在雨季到来的时候，这种草却以每天一尺多的速度生长，三五天就长到一两米高。原来，在最早的半年里，它一直在地下生长，根部长得超过 28 米，只不过不显露而已。巴西的火红花，一开始小得可怜，但是长到 8 个月后，它的枝叶能够把一亩地盖上。这充分体现了积累之功。

平时的积累一定要有针对性，主要应注重从三方面积累。

一要积累史料文献。史料文献，是反映党的历史发展和重要政策演变的规范性文件，是文稿起草中最基础、最常使用的规范材料，对于把握政策尺度、把准定性判断、把牢政治方向，具有不可替代的指导作用。要选择与从事的文稿工作密切相关的史料文献，进行专题整理汇编，形成系统全面的专题文献资料，做到不仅能够满足日常需要，而且能够满足应急查阅需求。

二要积累文稿范本。文稿范本，是指在思想观点、篇章结构、文字表述上都可资借鉴的文稿。要形成积累文稿的习惯。“熟读唐诗三百首，不会写来也会吟。”好的思想观点、篇章结构、文字表述，都需要平常积累。我这里推荐几本比较好的写作范例。流传至今、影响广泛的写作文选类教材当推《昭明文选》，它标志着写作教材的规范化。南宋王应麟在《困学纪闻》中说：“李善精于《文选》，为注解，因以讲授，谓之文选学……故曰‘《文选》烂，秀才半’。”可见，《文选》在唐代已成为较为热门的写作教材。中国古代最为优秀的、堪称典范的、最具教育学价值的写作文选类教材是南宋谢枋得编的《文章轨范》，共 7 卷，选文 64 篇，均为唐宋名家名篇，7 卷中分两大类：放胆文 2 卷，小心文 5 卷，每卷卷首均有教学目的、要求等提示。《古文观止》也是为写作提供学习的范例，如我上大学时看第一篇《郑伯克段于鄢》，就非常受益。明明是郑庄公也就是郑伯利用弟弟段的缺陷和幼稚，设计把弟弟消灭了，把自己的母亲置于难堪之地，骨肉相残，但是写史的人却把老谋深算、阴险狠毒、虚伪狡诈的郑伯打扮得正义在身，把“杀”人叫“克”。这就是著名的“春秋笔法”，对后世有长久影响。

解放后也有一些关于写作指导的书非常有益。1951 年 10 月，朱德熙所著《作文指导》一书由开明书店出版，两年间先后印行五次，是新中国成立后第一批写作理论专著和较早用于高等学校的新编写作教材，具有不可忽略的开拓发轫之功。它以辩证唯物主义的观点和方法，审视写作实践和语言运用方面的问题，既引用、借鉴某些苏联作家和学者的观点，又密切联系中国大学生的生活、思想和写作实际；既参考、承继了叶圣陶、夏丏尊等指导中学生作文的教学经验与成果，又把它提升到了高等学校写作教材的新高度，建构了一个写作与语言相结合、理论与实际相联系的框架体系，为新中国写作理论的建设铺垫了第一块基石。1952 年 7 月，开明书店出版纪纯（张志公）的《写作方法——从开头到结尾》一书。它是从“帮助思想内容的表达”方面来论述文章结构问题的一部专著。后来这部著作的基本内容，被普遍地纳入基础写作理论中的结构部分，并为文章结构理论的专门研究奠定了基础。

要像古人珍藏《古文观止》那样，收集几十篇、几百篇文稿范例，吸收各种文稿之长，看看别人是从哪些部分、哪些方面写作的，借鉴管用的思路、观点、格式、框架。经过对这些文稿的不断临摹，掌握其外在形式，然后反复修改，进而提高其内在神韵。通过不断的联系实践，假以时日，就能掌握其精髓，自己的写作能力会有质的飞跃。

三要积累鲜活事例。用鲜活的事例分析问题、说明道理、佐证观点，不仅具有很强的说服力，而且形象生动，易于被理解和接受。鲁迅所著文章的主题，几乎都是从身边人、身边事中产生的。他短篇小说里的狂人、闰土、祥林嫂、阿 Q，等等，都能从他熟悉的人物中找到原型。他散文里的藤野先生、范爱农、白莽、刘和珍，或是他的师长，或是他的学生，或是他的朋友，几乎没有什么陌生的人物。他大量的杂文，有从他熟悉的民生疾苦中谈起，有从官场丑闻谈起，有从社会突发事件谈起，都无不与现实生活紧密相连。提炼主题的过程是一个厚积薄发的过程，也是虚心向群众学习、请教的过程。要注意搜集生活中的具体事例、书刊中的引证事例、工作中的典型事例，在文稿起草中择机择境使用，这样可以产生意想不到的效果。

三、勤于调研是源头

古人讲，“木无本必枯，水无源必竭”。朱熹有句诗说得非常好：“问渠哪得清如许，为有源头活水来。”“没有调查就没有发言权”，这是毛泽东在 20 世纪 30 年代作出的一个重要论断。我们党一直高度重视调查研究工作，强调调查研究是我们的谋事之基、成事之道。要使文稿真正具有思想性、针对性和指导性，必须认真进行调查研究，了解和掌握各项工作的开展情况，从基层和群众的创造活动中汲取新鲜经验和生动语言。而一些文稿之所以干巴、抽象，不能打动人，很重要的一个原因，是因为缺少深入的调查研究，对实际情况缺乏了解，既不能找出存在问题的原因，也不能提出有针对性的推进工作的措施和办法。因此，从一定意义上说，调查研究是文稿的成功之道。

在这方面，毛泽东为我们树立了榜样。他经常深入实际、深入群众、亲自实践，进行社会调查，取得第一手调查材料，而且善于调查研究，还写了不少关于调查研究的专题报告。在他的每篇著作中，都随处可见他调查研究的来龙去脉。可以说，调查研究在他一生中是贯彻始终的。比如，延安时期，为了推进文艺界的整风学习，党中央决定召开一次文艺座谈会。座谈会之前，毛泽东和有关中央领导同志作了大量调查研究工作。1942 年 4 月间，毛泽东约请艾青交谈时说："现在延安文艺界有很多问题，很多文章大家看了有意见，有的文章像是从日本飞机上撒下来的；有的文章应该登在国民党的《良心话》上。你看怎么办?"过了几天，艾青将他收集的文艺方面的意见材料交给毛泽东。毛泽东又约请刘白羽谈话，共三次。第一次询问了文艺界的情况，提了一些问题，让把议论结果告诉他。第二次刘白羽作了汇报，其中谈到文艺界的问题不是立场问题，大家心是好的，只是表现不好，起了坏作用，毛泽东听后笑了起来。第三次是毛泽东向刘白羽阐述了为工农兵服务和深入工农兵的思想，使刘耳目一新，豁然开朗。毛泽东还约请在鲁艺任教的五位教师何其芳、严文井、周立波、曹葆华、姚时晓到杨家岭交谈。通过这种平等、坦诚和亲切的交谈，毛泽东深入了解到了延安文艺界的现状和争论，他联系"五四"以来革命文艺运动的经验，从马克思主义理论的高度，明确地解决了文艺工作的方向问题、道路问题，由此形成了一系列完整的革命文艺路线、方针、政策，解决了文艺与政治的关系、文艺的源与流的关系、普及与提高的关系以及文艺批评的标准、文艺界的统一战线等重大问题。毛泽东在延安文艺座谈会上最后还说了这样一段话："我们共产党人和他们的领导者，以后对于财政、经济建设领域的问题，也要像这次对待文化、文艺思想领域的问题一样，逐个地加以调查和研究，给以回答和解决。”

我们党高度重视调查研究，很多重要文件的起草都以调查研究为基础。王梦奎在回忆参加起草十四届三中全会《决定》时说：“《决定》的起草工作，是和广泛而深入的调查研究结合进行的。在成立起草组的同时，中央财经领导小组办公室就改革中的重大问题，组织有中央和国务院有关部委同志参加的 16 个专题调研组，分别就关于建立社会主义市场经济体制的指导思想和目标、现代企业制度、中央和地方的关系、所有制和国有资产管理、市场体系和运行机制、投资体制、财税体制、金融体制、价格改革、社会分配制度、社会保障体系、农村改革、科技和教育改革、对外经济体制以及法制建设等重大问题，进行调研。调研组由有关部委牵头，各组都由一名副部长亲自抓，总共有 300 多人参加。”“这些专题调研为起草组提供了丰富的背景材料。专题调研中许多好的意见被《决定》稿吸收了。此后多次中央重要文件，包括党的全国代表大会报告和中央全会的重要决定，都组织有专题调研，形成一个好的传统，对文件起草和科学决策有很大帮助。”

四、勤练多记是基础

“业精于勤荒于嬉。”写作是一门实践性很强的科学，没什么秘诀，所谓的秘诀，都是建立在勤练多记基础上，笔耕不辍才会洋洋洒洒，搁笔不写就会才尽灯枯。只有平时勤于动笔、乐于动笔、善于动笔，抓住一切机会锻炼提高动笔能力，才能“如箭在弦、一触即发”，写出内容丰富、文采斐然的文章。从事文稿服务工作，应注重平时多记。一要多作摘记。“好记性不如烂笔头”，提高文稿水平，要有“勤录千言，冀求一得”精神，对图书、资料、报刊上的好句式、好言语、好思想及时摘记下来。摘记不局限于单纯的抄录，还要经常思考和分析，用自己的语言进行重新表述，达到培养和提高写作能力的目的。二要勤记事记。这是日常练习写作的好办法，许多著名作家都坚持记日记、写大事记。因为这里叙写的都是生活中印象最深刻的事情，容易写得具体而真实，同时事记不是命题作文，内容和文体没有限制，可以从不同角度认识、分析和把握问题。从事文稿工作，要养成记事记的好习惯，把它当成积累素材和训练文字驾驭能力的有效途径，坚持不懈、持之以恒。三要常记感悟。《文心雕龙·物色》中说，“情以物迁，辞以情发”，真情实感往往是美文产生的重要基础。从事文稿工作，要经常将自己对工作、生活的感悟及时整理记录，将自己心中真实的感悟整理成篇、成段甚至只言片语，日积月累，集腋成裘，时间长了就能形成系统的文章，从而为文稿工作准备更多的“食粮”。

五、跟踪时事是补充

“文章合为时而著”，讲的是文稿要紧扣时代脉搏。从古至今，人们评价一篇文章的价值，主要是看它是否反映了时代要求、把握了时代脉律、找准了时代问题，能否为时代发展服务。因此，从事文稿工作，如果脱离开对时政特别是现实问题的关注，势必为文稿而文稿，所写文稿即使逻辑周密、文辞华丽，也会缺乏时代底蕴。一定要通过跟踪时事对自己的知识储备进行随时补充。那么我们要重点追踪哪些时事呢？一要关注中央工作的重点。要密切关注中央重要会议、重大活动、重要文件、重大新闻发布等，并及时跟踪学习研究，认真消化吸收。掌握了中央中心工作和重点工作的变化，就把握住了文稿服务的方向性问题，文稿服务才能始终跟上时代节奏。二要了解领导同志的关注点。领导同志的关注点是党的中心工作、重点工作和重要精神的集中指向，是文稿服务的指南针，必须始终准确把握。要及时了解领导同志分管工作的重要进展，深入学习领导同志的重要批示，认真研究与领导同志相关的重要活动，系统研读领导同志对同一主题的多次讲话并找出区别，及时跟上领导同志的思路。三要抓住社会热点难点。社会热点难点问题，通常是决策最常涉及的问题，也是文稿服务的重要内容和主要着力点。做好文稿服务，必须始终牢牢抓住社会热点难点问题，摸清吃透，才能够更好地在文稿服务中提出建议和意见，当好参谋助手。

文如其人

“文如其人”出自于苏轼《答张文潜书》：“其为人深不愿人知之，其文如其为人。”我们常用它来形容文风反映作者的性格特征。实际上，文章是思想的外壳，是人们交流感情、互通信息的载体。一个人有什么样的思想、作风，都会在他的文章、讲话中表现出来。从一个人的文章不仅可以辨别他的个性气质，还能窥见到他的生活阅历、文化素养，感受到他的独特魅力，了解到他的世界观、人生观、价值观。法国自然科学家布丰说过一句名言：“风格就是人本身。”这也是为什么我们阅读毛泽东和鲁迅的作品，不用注明作者，就知道是他们哪一位写的，因为他们的文章都带有鲜明的个人特色。“诸葛一生唯谨慎”，文如其人，诸葛亮的文章在结构和内容方面都充分反映了这一特点，被历代传诵的前后《出师表》深入剖析事理，持论有据，行文严谨，表现出他对时局的谨慎和“鞠躬尽瘁，死而后已”的忠心报国之志，在质朴中放射着人格的光辉，增添了几分独特的神韵。刘勰在《文心雕龙·章表》中说：“孔明之辞后主，志尽文畅……表之英也。”

一、心正则笔正

既然文章的重要功用是“文以载道”，是表达作者自己的思想和观点，那么作者人品的优劣直接决定了文章格调的高低。一个积极向上的人，才能写出朝气蓬勃的文章；一个心胸坦荡的人，才能写出慷慨激昂的文章；一个心怀天下的人，才能写出忧国忧民的文章。宋代文人韩驹云：“诗言志，当先正其心志；心志正，则道德仁义之语、高雅淳厚之义自具。三百篇中有美有刺，所谓‘思无邪’也，先具此质，却论工拙。”清代余云焕认为：“诗以人重，人品不正，诗虽工不足道。言者心之声，不相假借。”因此，“只有作家的品格提高了，作品的格调才会高起来”。怎样才算有高尚的人品呢？在博大精深、源远流长的中国文化中，影响最深远、内容最丰富当属儒家文化，其理想人格以“修身、齐家、治国、平天下”和“穷则独善其身，达则兼济天下”，“正己正人，成己成物”为精髓。因此，司马迁评价屈原“其志洁”，“濯淖污泥之中，蝉蜕于浊秽，以浮游尘埃之外，不获世之滋垢，皭然泥而不滓”，才能文约辞微、意旨深远。梁代昭明太子萧统评价陶渊明“贞志不休，安道苦节，不以躬耕为耻，不以无财为病”，有这种隐逸之志，才能“文章不群，词采精拔，跌宕昭彰，独超众类，抑扬爽朗”。正因追求自由、不为权贵收买和名利束缚，李白才能写出“安能摧眉折腰事权贵，使我不得开心颜”的诗句。正因“平生仗忠信，尽室任风波”，范仲淹才有“先天下之忧而忧，后天下之乐而乐”这样的理想。正因梁启超的“一洒民生艰”，才有振臂高呼，让人热血沸腾的《少年中国说》。正因鲁迅“我自己，是什么也不怕的，生命是我自己的东西，所以我不妨大步走去，向着我自以为可以走去的路；即使前面是深渊，荆棘，峡谷，火坑，都有我自己负责”，才有在黑暗中孤军奋战、直击灵魂的《呐喊》和《野草》。在国外也是这样，一曲《西风颂》让我们窥见了雪莱傲岸的身姿，一部《悲惨世界》引我们走进雨果博大的人道主义情怀。可见，作者必须首先具有伟大的人格和高尚的情操，在志向、思想、抱负、胸襟和做人等方面有一定的修为，其文才真切感人，鼓舞人心，为后世传诵。

功名之士，绝不能为泉石澹泊之音；轻浮之人，必不能为敦庞大雅之响。人格堕落、追逐功利的作者，其作品必定风格猥琐、格调低下。在我国新时期的文学创作中，就曾在一定范围内出现过以名利为重的不良倾向。有少数作家的社会责任感淡薄甚至缺失，他们不再将创作服务于社会、服务于人民作为自己的职责和实现自己人生价值的途径，而是将其作为沽名钓誉、名利双收的工具和手段。对这些不良现象，孙犁多次提出批评，称作“今日为程朱，明日为娼盗”的胡编乱造。

二、文风见性情

中国古代文论家一向主张从作品中把握作者的个性特征。五代著名人物徐铉在《成氏诗集序》中云：“观其诗如所闻，接其人如其诗。”刘劭则在《人物志·材理篇》里将个性特征与作品风格概括得非常全面：“刚略之人，不能理微；故其论大体则弘博而高远，历纤理则宕往而疏越。抗厉之人，不能回挠；论法直则括处而公正，说变通则否戾而不入。坚劲之人，好攻其事实；指机理则颖灼而彻尽，涉大道则径露而单持。辩给之人，辞烦而意锐；推人事则精识而穷理，即大义则恢愕而不周。浮沉之人，不能沉思；序疏数则豁达而傲博，立事要则爁炎而不定。浅解之人，不能深难；听辩说则拟锷而愉悦，审精理则掉转而无根。宽恕之人，不能速捷；论仁义则弘详而长雅，趋时务则迟缓而不及。温柔之人，力不休强；味道理则顺适而和畅，拟疑难则濡软而不尽。好奇之人，横逸而求异；造权谲则倜傥而瑰壮，案清道则诡常而恢迂。此所谓性有九偏，各从其心之所可以为理。”很难想象一个拘谨木讷的人能写出生动活泼的文章，一个粗陋疏放的人能写出严密周到的文章。因此，有的人擅长朴素的文风，有的人擅长绚烂的文风，有的文章含蓄内敛，有的文章淋漓尽致。这就像音乐，即使大家都照一个谱子演唱，其旋律的高低缓急，都是由谱子规定好了的，但由于各人个性气质不同，有的灵巧，有的笨拙，有的纤巧，有的粗犷，演唱出来的味道和情调也就大不相同。这就是所谓：文章各人会写，但有巧妙不同。

这方面最典型的例子要数盛唐的两位大诗人：李白和杜甫。如果说李白的诗文是“清水出芙蓉，天然去雕饰”，诗文中流淌着飘飘欲仙的豪放之气，杜甫的诗文就是“内敛雄浑、沉郁顿挫”，诗文中充溢着沉重的忧国忧民情怀。因此，也只有“飘飘然如遗世独立，羽化而登仙”的李白，才能在那里引吭高歌：“人生得意须尽欢，莫使金樽空对月。天生我材必有用，千金散尽还复来。”也只有“朝扣富儿门，暮随肥马尘，残杯与冷炙，到处潜悲辛”的杜甫，才能发出“无边落木萧萧下，不尽长江滚滚来”的哀叹。

再来看现代中国文学史，鲁迅、郭沫若、茅盾、巴金、赵树理、老舍、曹禺、艾青八大家，因其性格迥异，文风各有不同。《家》和《子夜》虽说都是写家族史，但作者个人风格明显不同。巴金是情感小说家，情节和人物全由充沛的激情牵着走，青春和着血与泪，喷涌出“灵魂的火焰”。茅盾则是那种很理性的小说家，他不同于巴金的热烈，不感伤既往，也不空夸未来，而是把现实放到手术台上，一一进行剖析。因此，《家》只可能出自巴金之手，而《子夜》非茅盾不能为。鲁迅冷峻、深刻，文章则如“投枪”、“匕首”，“读后令人警醒”。郭沫若浪漫、激情，所以才能成就“天狗吃月亮”般的诗篇。老舍平和、深厚，才能将市井百态人生娓娓道来。曹禺敏感、压抑，才有戏剧中激烈的冲突和感情的宣泄。

相比于他们，毛泽东另有一股非凡之气。毛泽东诗词的总体风格是：悲壮、激越、奇伟、率性、乐观、慷慨，具有前无古人的宏大气魄。这种气魄，和领袖人物开阔的视野、广阔的胸襟有直接的关系，和他本人敢于蔑视敌人、具有坚强不屈的大无畏精神密不可分。毛泽东撰写的社论、评论，同他别的文章一样，几乎处处都洋溢着“至大至刚”之气。他的政论，总是第一句话就明确表述自己的主张，开门见山地给人以一个确定不移的判断，“起句庄重，峰势镇压涵盖，得一篇体势”。在《评战犯求和》中，毛泽东是这样开头的：“为了保存中国反动势力和美国在华侵略势力，中国第一号战争罪犯国民党匪帮首领蒋介石在今年元旦发表了一篇求和的声明。”一语破的，掷地有声，随之毫不留情地戳穿了“中国第一号战争罪犯”的虚伪面貌和丑恶嘴脸，整篇文章读起来酣畅淋漓，势如破竹。

三、落笔验学识

作者进行创作的过程是内在思想表露于外的过程，而这个过程必定要受到其自身学识的限制，而学识的高低又与文化修养、社会阅历、情感经历等要素相关。明代文人许学夷在《诗源辨体》中提到：“学诗者识贵高，见贵广。”一个人的学识是作者能够进行独立判断的基础，不受旁门左道所惑。如果没有学识修养的积累，那么作品必然会走向粗俗、肤浅。就像在《红楼梦》第 28 回里，同样是行酒令，贾宝玉吟出的是“女儿愁，悔教夫婿觅封侯”，而薛蟠只能是“女儿愁，绣房撺出个大马猴”。

一篇文章的笔力处处能显示出作者的学识。李白的诗歌透露出他在人生哲学方面有道家的底子。而杜甫的诗歌无一字无来历，他自述经验就是：“读书破万卷，下笔如有神。”莎士比亚是公认的天才，但是医生说只有医生才能写出他的某一幕，律师说只有学过法律的人才能了解他的某一剧中的术语，没有深厚的学识做积淀，只靠天才恐怕很难解释这个问题。毛泽东曾说，一个人只有多读书，读各类书，广收博览，把学问基础打扎实些，把知识面拓宽些，将来才能目光四射，触类旁通，使许多问题迎刃而解。毛泽东自己就涉猎广泛，历史、文学、政治、哲学、科技、宗教，均有涵盖。他的著作里随处可见旁征博引的神来之笔，可以感受到他极其渊博的学识内涵。

此外，我们还能从文章中捕捉到作者的生活经历和情感经历。从岑参的"忽如一夜春风来，千树万树梨花开"可以看到边塞的奇异风光，从"四边伐鼓雪海涌，三军大呼阴山动"感受到战士的英雄气概。从陶渊明的"采菊东篱下，悠然见南山"可以看到他从容的田园生活。从李清照的"常记溪亭日暮，沉醉不知归路。兴尽晚回舟，误入藕花深处。争渡，争渡，惊起一滩鸥鹭"可以了解到她的生活情趣。从苏轼的"十年生死两茫茫。不思量，自难忘。千里孤坟，无处话凄凉"可以感受到他与妻子感情的深厚，而从"夜饮东坡醒复醉，归来仿佛三更。家童鼻息已雷声，敲门都不应，倚杖听江声"又可知他的寂寞和失意。再有曹雪芹的大观园、沈从文的湘西、鲁迅的三味书屋、老舍的茶馆、钱钟书的大学、张爱玲的香港、三毛的撒哈拉沙漠，几乎所有的文章都浸透着作者的人生体验，留下了他们的生活印迹。因此，法国当代女作家玛格丽特·杜拉斯有一个说法："没有一部伟大的小说，或'真正的小说'与作者自己无关。"其实，但凡创作，都是如此。

四、立言先立人

黄庭坚曾说："文章最忌随人后。"陆游也曾说："文章最忌百家衣。"因此，一个作者必须形成自己独特的个性和风格，而鲜明的文章风格是读者辨认作者的一种标识，也是作者和作品得到读者认可的重要因素。纵观当代文坛，余秋雨的文化大散文开启一代新文风；余华的作品则独立建构起一个有别于真实世界的残忍、怪诞的文本世界；陈忠实的作品充溢着浓厚的陕北风采，从一个个侧面展现中国农村的宏伟画卷；毕淑敏身兼医者和作家双重身份，她的作品以女性的细腻独特将治病救人的生理涵义延伸到心灵的拯救上。而在80、90后的文学世界里，郭敬明的青春伤痕文学俘虏了无数少男少女的心。这些作者均是以独特的个人风格，获得关注，引起反响，可见文风对一个作家的重要性。

刘勰在《文心雕龙·体性》里说到："才有庸俊，气有刚柔，学有浅深，习有雅郑。"意思是说，因为"才"有优劣之分，"气"有刚柔之分，以及"学"和"习"上的差异，因而导致创作风格的不同。先天的禀赋是不可强求的，但修养却是后天可习的，要写出好的文章，并形成自己的创作个性与艺术风格，就必须在三方面同时下苦功，作长期努力。

一要加强人品的修养。"仁者之言蔼如"。屈原的忠贞耿介，陶潜的冲虚高远，都表现在他们的作品里。一个作者如果没有真挚的性情和高远的胸襟，如果没有利民之志和忧国之心，对现实麻木不仁，对未来不思进取，对人民冷漠无情，怎么可能一针见血，将问题剖析得"体无完肤"，写出思想深刻的文章来？我国传统文化常以道德标准衡量社会中的人和事物，自然对"文"与"人"的态度尤为严格，甚至到了近乎苛责的地步。这尤其要求文人要自始至终地保持个人操守，不断地修身养性，才不至于在外界诱惑面前迷失方向，在种种压力面前寻找借口或软弱变节。

二要加强学识和经验的修养。作品不仅是人格的表现，也是作者的阅历、经验的体现。要多读书，读好书。涉猎越广，储备就越丰富，知识就越全面，视野就越开阔，思想就越深刻，既有哲学的高瞻远瞩，又有科学的客观判断。要多经历、多体验。赵树理能写出脍炙人口的《小二黑结婚》，就是因为如周扬所说，"中国作家中真正熟悉农民、熟悉农村的，没有一个能超过赵树理。"老舍能写出《骆驼祥子》，是因为创作前他曾用了很长时间，"入了迷似的去搜集材料"，去了解洋车夫的生活，洋车夫的语言，洋车夫的行会帮派。"世事洞明皆学问，人情练达即文章"，观察得越仔细，体验得越深刻，文章就越真实，越有力。

三要加强文学本身的修养。"工欲善其事，必先利其器。"要能用语言准确、生动地表达自己的思想感情。"积字成句，积句成章，积章成篇。合而读之，音节见矣；歌而咏之，神气出矣。"一篇文章，要有一个贯穿全篇的节奏，但是首先要写好每一句话。要学习前人的精髓，仔细研究每个作者每篇文章的用字、布局等等，然后结合自己的个性特质，找到最适合自己表达的方式。如我们从毛泽东的诗词中可以找到屈原、曹操、李白、李贺、苏轼、辛弃疾、岳飞的影子，但是根据自身的阅历、情感、个性等特征，毛泽东最终形成了自己极为鲜明的特征。

正因为“文如其人”，“言为心声”，所以我们可以这样理解，让读者折服的不仅仅是一个作家的精彩文章，而是文章背后所表现出来的人格魅力。了解这一点，我们就能明白，“立言”之前先“立人”，这才是写出好文章的根本。我们要在品行、做人、学识、技能等方面不断提高自己，增强自身的内涵和素质，以积极和审慎的态度去对待写作，加强语言功夫的修炼，追求自然、和谐与统一，在长期笔耕不辍的实践中发挥自己的优势，形成自己的文笔风格。

好文章是『磨』出来的

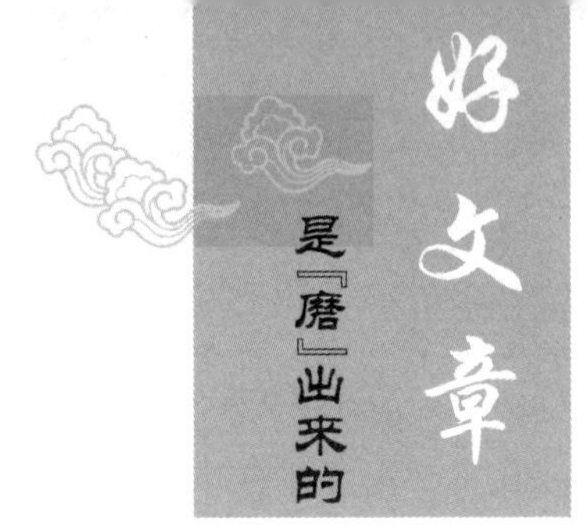

"玉不琢不成器，文不改不成章。"写文章犹如雕刻，草创之后，须精雕细琢，不断打磨。"磨"就是反复修改。"文章不厌百回改，反复推敲佳句来。"从某种程度上说，好文章是"磨"出来的。

俗话说，"文章三分写，七分改"。所谓"出口成章"、"落笔成文"，都是对名家巨匠的赞美之词，给人感觉似乎文章很容易写出来。其实，越是文章大家，越是"笔杆子"，越重视对文章的修改和打磨。马克思写《资本论》，从计划写作到写成草稿，经过了多年时间和多次细致的修改。《资本论》第一卷写完后，马克思又对文体进行了精心琢磨，并在给恩格斯的信中形容说，"工作进行得极其快意，因为在经过许多产痛之后，恬静地舐着婴儿，自然感到乐趣。"鲁迅对自己的文章总是反复修改，他曾说，"写完后至少看两遍，竭力将可有可无的字、句、段删去，毫不可惜。"毛泽东很赞赏鲁迅的说法，他说，"孔夫子提倡'再思'，韩愈也说'行成于思'，那是古代的事情，问题很复杂，有些事情甚至想三四回还不够"，"鲁迅说'至少看两遍'，至多呢？他没说，我看重要的文章不妨看它十多遍，认真地加以删改，然后发表"。这些古今中外文章大家的论述，无不说明文章需要修改，或者说"文必修改"，修改是文章写作中不可或缺的重要环节。

修改是确保我们的认识不断深化、表达不断完善的关键环节。文章是客观事物的反映，而人们对事物的认识，往往不可能一蹴而就，需要经过一个梳理和深化的过程。我们经常讲，要"意在笔先"，"袖手于前方能疾书于后"，就是指在下笔前悟透事理。宋朝翰林学士盛度，善代王言，文章很好，是文稿写作的好手，但是文思不够敏捷，喜欢反复修改。有一次宋仁宗突然召见他，让他当场写篇重要诏书。好在盛度头脑灵活，对宋仁宗启奏说："我身体太胖，伏在地上写字喘不过气来。请求陛下赐给我一张矮桌子，我才好写。"宋仁宗觉得在理，命人照办。皇宫里虽然应有尽有，但是找个合适的矮桌子并不容易。盛度利用这个机会，赶忙在脑子里打草稿，等矮桌子搬过来，他一挥而就，宋仁宗看不打草稿、没有费工夫就写好诏书，大加称赞。盛度赶忙趴在地上磕头，并偷偷揩掉脑门上的虚汗，赶紧离开。这说明，写文章是需要伴随着思考的深入而不断完善的。据说《吕氏春秋》成书后，千金不能易一字。我想，这大概是说经过反复琢磨，这部书已经达到难以增减一字的程度。事实上，写文章一挥而就又一字不改的情况几乎是没有的，那样写出来的文章，不是意在笔先、先悟透了，就是已千锤百炼，达到了难有多少修改的境地。由于受认识规律的限制，即使动笔前做了准备，写出来后也难免会有这样或那样的疏漏和遗憾。只有修改，才能弥补这些缺憾。那些针对反映复杂问题及事物的文章，无不是在反复研究和修改中熔炼而成的。在我们党的历史上起到拨乱反正重要指导作用的《关于建国以来党的若干历史问题的决议》，从 1979 年开始起草到 1981 年党的十一届六中全会一致通过，文章在不同范围内，先后经过了 4000 余人讨论修改，数易其稿，才最终完成。

修改是提高写作能力的有效途径。宋人笔记记载，黄庭坚曾得文章大家宋祁《唐史稿》一册，“归而熟观之，自是文章日进。此无他也，见其窜易字句与初造意不同，而识其用意所起故也”。鲁迅也曾说，“文章应该怎么写，要从已有定论的作品中去领悟，而文章不应该怎么写，则应从未定稿中去领悟”，这的确是至理名言。修改中蕴含着写作规律性的东西，反复揣摩，文必日进。“善作不如善改”，文章写出来后，在自己修改的基础上，多向他人请教，发现不足，修改完善，能在多方面锻炼自己的思维能力、写作能力，使认识上升到更高层面。从某种意义上讲，修改能力的高低也是写作水平的体现，能改到什么水平，也就说明你达到了什么样的写作水平。西柏坡时期，时任新华社领导的胡乔木每天都带领大家对当天新闻稿进行点评，对缺点和不足进行毫不留情地批评指正。其严格的程度近乎苛刻，一些不理解的同志颇有怨言。大家知道，胡乔木是百科全书式的学者，他读书之多、知识面之广，在文人中是少见的。他对政治、经济、军事、哲学、文学等多方面的知识，都广泛吸收、蕴积丰厚。他的文章，出手不凡，思想内涵深邃，表达技巧高超，用字遣句讲究，文字清丽隽永。很多人这样说，经他修改的文章，往往改动数字，立即增色。朱镕基评价他：“你所知道的东西他都知道，而他知道的东西，你看不到边。”他去世后，中央称他为“辞章家”，这是中央领导人中独一无二、绝无仅有的。西柏坡时期胡乔木对大家的严格要求，事后来看是极为正确的、必要的。经过这个熔炉炼出来的个个都是好钢，当中许多人正是从这种点评中得到了宝贵教益，最终成为新中国新闻事业的翘楚。

文章应怎样修改？因人、因情而异，并无固定模式。我体会应把握四点：

一、统揽全局，大处着手

修改文章要统揽全局，先从总体入手，再看细枝末节。如果一动笔就埋头于修改词句，忽略从整体上把握文章主旨，不仅会本末倒置，更无法切中要害。在这方面，毛泽东是一个典范。1949 年 1 月 21 日，蒋介石宣告“引退”。次日，新华社发表了题为《蒋介石“引退”真相》的文章。毛泽东在修改这篇文章时，从戳穿国民党借“引退”欺骗民众的政治把戏着眼，加了这样一句：“国民党政府的一切实际权力仍然操在蒋系和蒋介石本人手里。”这个意思渗透在原文的字里行间，一般人看了不能马上归结成明确的认识。而毛泽东的修改一语道破了蒋介石换汤不换药的“引退”实质，极大增强了文章洞烛其奸、正人视听的效果。在修改阶段要特别注重从全篇着眼，从大处着手。开始修改时，不要急于逐字逐句斟酌，而应该把握住大的方面，如主题思想、内容结构、基本政策等，看看主题是否突出，内容是否充实，结构是否合理，观点是否正确等。然后再考虑局部问题，如语言是否流畅，文字是否洗练，篇幅是否适中等。

二、增删改调，各得其所

刘勰在《文心雕龙》中说，“规范本体谓之镕，剪截浮词谓之裁。裁则芜秽不生，镕则纲领昭畅。”文章要经过镕炼裁剪，才能“情周而不繁，辞运而不滥”。增、删、改、调，在修改中相辅相成，缺一不可。增，即增添，凡内容过于单薄、叙述不够具体、说理不够充分，都要根据主题所需，适当增添，使文章既充实生动，又“丰而不余一字”。删，即删减，就是删去重复累赘的字、词、句、段，以及那些人尽皆知的“正确的废话”，使文章既简洁明了，又“约而不失一词”。改，即改正，就是把内容不正确、材料不准确、格式不恰当、安排不合适，以及错字、别字，不通、不好的句子，误用的标点符号等等，改对、改正、改好。调，即调整，就是把次序、位置不当的加以调动、整理，做到各有其位，各得其所，使文章衔接更紧，文字更富表现力。

三、走好程序，分步推进

规范的文章大都经过多道手续完成。如机关重要文稿的起草，一般可分为接受任务、收集资料、形成提纲、分头起草、集体讨论、初稿审改、报送领导等 7 个环节。

1. 接受任务。在领导同志布置起草文稿任务时，要认真做好记录，全面准确理解领导意图和相关背景，有不清楚的地方，要及时询问。只有准确把握领导意图和相关背景，才能确定文稿的框架结构、主题思想、基本内容。同时，要认真学习领导同志平时的讲话、谈话和批示，深入学习领导同志分析形势、研究工作、解决问题的思维方式，系统掌握领导同志一贯坚持什么、过去讲过什么、最近关注什么、这次想讲什么，认真研究，反复揣摩，力求准确把握领导要求。此外，一旦接到文稿写作任务，就要像作战人员从指挥部领到战斗任务一样，不胆怯，不畏惧，不管是接触过的还是没有接触过的主题，都要鼓足信心，旺盛斗志，保持良好心态，确保圆满完成任务。

2. 收集资料。“巧妇难为无米之炊”，收集资料是起草好领导同志文稿的必经环节。19 世纪法国著名科幻作家凡尔纳，一生共创作了上百部科幻小说，内容几乎涉及当时科学技术的各个领域。比他的创作本身更令人惊叹的是，在他死后，人们在他的书房里发现，他的笔记和卡片资料，大约有 2.5 万本。要根据文稿起草任务，迅速全面收集有用的资料，主要是按照权威、最新、管用的原则，收集源头材料、最新材料、综合材料，不能眉毛胡子一把抓。如收集中央有关文件以最新的为主，收集地方和部门提供的材料以综合的为主，收集专家学者的重要文章观点以权威的为主。一位年轻同志，刚工作时喜欢上网，任务来了，便到网上找一堆没有多大价值的东西，既浪费了时间，又对起草文稿没有什么帮助，要避免简单采取这种收集资料的方式。

3. 形成提纲。经常起草文稿的同志，都有这样的体会，就是写出了好的提纲，就等于完成任务的一半。要在快速阅读所收集资料的基础上，精心设计写作框架，力求做到大的层次逻辑清晰、条理分明，主要思想观点了然于胸、明白无误。特别是重要讲话稿，更要把提纲议深、议细、议透。一些重要文稿的提纲还可以先送领导审阅或提交集体讨论，这样可以集思广益，避免在送审过程中伤筋动骨，甚至被推倒重来。有的提纲，还特别讲究文字工整细致。只要时间允许，提纲拟得越精细越好。

4. 分头起草。起草领导讲话，不是简单的个人行为，而是缜密的集体劳动，而且任务往往都比较急，需要依靠集体的力量，先由个人分头起草，再交集体汇总修改。要根据形成的提纲，按照每个人的专长分配起草任务，确定完成时间。承担任务的同志要深入研读相关材料，按照提纲充实内容，形成初稿。在这个环节，要求大家调动主观能动性，独立进行思考，充分发挥自身的优势。每位同志在落笔时要心中有别人，做到前后照应、上下衔接，注意起承转合，避免交叉重复。

5. 集体讨论。各自承担的文稿完成后，要汇总合稿，分发大家集体讨论，提出修改意见后，再交由执笔人进行完善。在这个环节，要求大家畅所欲言，发挥集体智慧。要正确对待领导和同志们提出的修改意见，从中找出不足，明确修改方向。既坚持己见又勇于放弃，既“管好责任田”又“种好公家地”，把自己的智慧淋漓尽致地贡献出来。

6. 初稿审改。初稿完成后，由牵头人对初稿进行审改。牵头人从主题是否突出，观点是否正确，结构是否合理，内容是否充实，材料运用是否得当，文字表述是否准确简练，篇幅是否适中，是否符合领导同志风格等方面加以把关。有的文稿要视具体情况，再交集体讨论修改。欧阳修写完《醉翁亭记》后贴在城门上让过往行人帮他修改，白居易写诗之后读给老太太听，老舍先生写成文章后虚心听取“老北京”的意见……这些做法都为我们提供了范例。

7. 报送领导。将经过讨论修改、基本成熟的初稿，送领导同志审阅。送审之前，一定要由至少两人唱校，确保文稿在格式、文字、数字、符号、引文等方面没有硬伤后再送出。送审后，如果领导同志提出修改意见和要求，要立即再次进行修改。

其实，重要的、规范的文稿都是经过多道手续完成的。我看一篇文章讲清代地方官员向皇帝报送的奏折，由起草、修改（校勘）、清缮、再修改（磨勘）、发折等这样一个完整的程序组成：先由专人草拟，再由更高的官员修改，然后用 12 行 20 字红格稿纸誊清（相当于打印），再由专人进行断行、核对，审看有没有用词忌讳，然后送官员本人审阅修改，最后由缮书人誊清，然后报给朝廷。

上述七个环节又可以概括为三大阶段：第一阶段为确定文稿起草基本思路的阶段，这一阶段的工作就是吃透领导意图，明确写作目标，收集相关资料，构思文稿框架。第二阶段为文稿初稿形成阶段，这一阶段的工作就是细化写作提纲，充实相关材料，开掘主题内容，阐述思想观点。第三阶段为文稿修改完善阶段，这一阶段的工作就是一个“改”字。

起草重要文稿时，我们一定不能把硬伤留给后道工序。须知每道工序有每道工序的责任，初稿写得好，领导可以在上面锦上添花；初稿不成功，领导的精力往往要用来重新写，整个稿子的质量就会受到影响。所以，我们决不能认为后边还有人把关，就粗枝大叶、马马虎虎。一定要牢记“细节决定成败”的道理，把标杆树得更高一些，追求完美，严谨细致，用一丝不苟的态度对待文稿写作的每一项工作、每一件事情。

四、反复推敲，至善至美

修改文章其实很不容易。《文心雕龙》里讲，“改章难于造篇，易字艰于代句。”就是说，修改文章比撰写文章更为困难，改动一字比另写一句更加艰难。文章须经反复推敲，方可至善至美。欧阳修的名篇《醉翁亭记》，仅开头就换过十多种写法，潜心琢磨后，才定下“环滁皆山也”这一简明扼要的开篇。王安石写“春风又绿江南岸”一句，从“到”、“吹”、“过”、“来”、“驻”、“满”……一直改到“绿”，反复揣摩，几经修改，才得此生动传神的佳句。

唐代著名苦吟诗人贾岛的故事更是广为人知。有一次，贾岛骑驴闯了官道。那是因为他正琢磨着一首诗，全诗如下：“闲居少邻并，草径入荒园。鸟宿池边树，僧推月下门。过桥分野色，移石动云根。暂去还来此，幽期不负言。”他有一处拿不定主意，那就是第二句中的“僧推月下门”。他觉着“推”不太合适，不如“敲”好，但反念一想，还是“推”好。于是嘴里就推敲推敲地念叨着，手上还比画着手势，不知不觉地，就骑着驴闯进了大官韩愈的仪仗队里。韩愈问贾岛为什么乱闯，贾岛就把自己写的那首诗念给韩愈听，并把自己推敲字句的想法说了一遍。韩愈听了，对贾岛说：“我看还是用‘敲’好，去别人家，又是晚上，还是敲门有礼貌呀！而且一个‘敲’字，使夜静更深之时，多了几分声响。再说，读起来也响亮些。”贾岛听了连连点头。他这回不但没受处罚，还和韩愈交上了朋友。从此以后，“推敲”就成了作文章时认真思考、逐字斟酌的代名词。于是便有“吟安一个字，拈断数茎须”、“两句三年得，一吟泪双流”、“为求一字稳，耐得半宵寒”的苦吟派之诞生。

修改文章不仅是一个人思路逐渐清晰、认识逐渐深刻的过程，也是一个在与人交流中不断进步的过程。因此，文章写出来之后，在自己多次修改的基础上，要多让人指点、修改，让亲朋好友批注，指出文章的不足。这样一个修改文章、追求精品的过程，能在多方面锻炼人的思维能力、写作能力和谋篇布局的能力，使个人的认识上升到更高的层面。同时，这样修改过的文章，也就成为自己的宝贝。我有一个体会，越是下过功夫的文章，自己越不舍得扔。过去每次搬家，凡是自己呕心沥血写出来的东西，都保存得完完整整。

玉越琢越美，文越改越精。好文章是“磨”出来的，磨得久了，自是醇香无比，经读耐看，具有持久的影响力。我们一定要把追求至善至美的精品意识贯穿于文章写作的全过程，并落实在具体的行动上，从主题思想、篇章结构到语言文字、标点符号，每一个环节、每一个细节都要反复推敲、不怕打磨，一丝不苟、严谨细致，在追求完美中把文章雕琢成精品。

方法的方法比方法重要

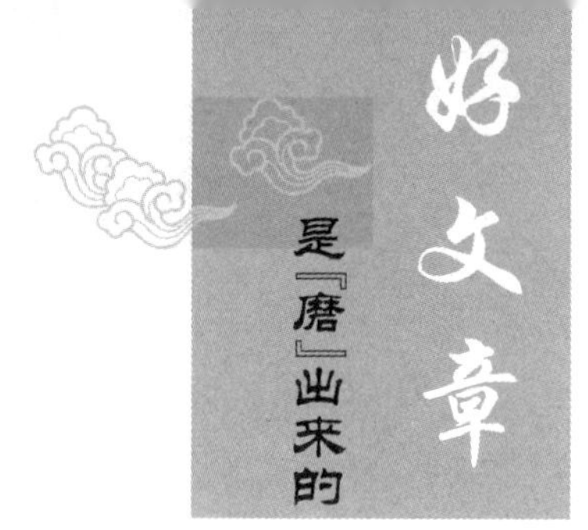

柳宗元在《种树郭橐驼传》中讲过这样一则故事：唐朝时，有个叫郭橐驼的人，擅长种树，所种之树，不但成活率高，而且长势茂盛。邻人想要模仿他，但总是不如，于是向他求教。郭橐驼回答说，没有什么秘诀，只是顺应树木的天性罢了。他告诉邻人，他们栽树不易成活的原因主要是“爱之太殷，忧之太勤”。树栽好后，早上去看，晚上去摸，甚至用指甲掐树皮，用手摇树干来检验其死活，这些做法都没有遵循树木成长的天性。这则故事告诉我们一个道理：无论做什么事情都要遵循客观规律。这也应当是我们选择做事方法的基本依据。文章写作也是同样道理。写作技法上的精湛并不代表一篇文章的成功，真正成功的文章讲究的是“方法的方法”，既在写作过程中探寻出真正管用的方法，总结出具有普遍意义的规律。

我们做任何事情，都有一个方法的问题。方法得当，才能事半功倍；方法不对头，则会事倍功半。方法是过河的桥，桥可以“把路背过河去”。当前，很多人满足于就事论事，不重视掌握和运用科学的方法，往往被各种具体的事务“牵着鼻子走”，以至陷入工作的被动。大量事实告诉我们，不但要重视具体的工作方法，还要重视“方法的方法”，真正用辩证唯物主义来指导我们的工作。在党的历史上，毛泽东等老一辈无产阶级革命家就非常重视思想方法和工作方法问题。比如，毛泽东提出看问题要高屋建瓴，势如破竹。他非常重视探索工作规律，进行工作总结，在延安时期整顿王明路线从总结历史经验入手，反复修改并最终形成《关于党的若干历史问题的决议》。1960 年 6 月 18 日，毛泽东在《十年总结》从中指出：“我们对于社会主义时期的革命和建设，还有一个很大的盲目性，还有一个很大的未被认识的必然王国。我们还不深刻地认识它。我们要以第二个十年时间去调查它，去研究它，从其中找出它的固有的规律，以便利用这些规律为社会主义的革命和建设服务。”他是方法论的大师，十分值得我们学习。对于我们来说，要做到在有限的时间内提高水平，就要找到最有效、最管用的方法。对文章写作来说，特别要唱好“三部曲”：要掌握一个领域的政策举措，就要找这个领域最基本、最重要的文件来学习，这是第一部曲；要了解一个领域政策举措的发展变化，就要随时拿这个领域最新出台的文件来学习，这是第二部曲；要真正吃透一个领域的政策举措，就要把能找到的有关文件都拆开，按范畴重新排列组合，弄清楚这个领域政策举措的基本要素、基本框架，这是第三部曲。领会这“三部曲”，学以致用，我的做法是：分类研读、注重借鉴、勤于总结。

一、分类研读

写文章不可大而化之，从谋篇到内容，从思想表述到文字锤炼都要进行有针对性地研读，我称之为“切片式分类研读法”：对文章标题、文章开头、文章过渡、文章破层、文章重心、文章结尾一一分解，逐个研读；对工作部署类、动员类、总结类、考察类、表彰类讲话分门别类研读；对提高认识、指导思想、目标任务、总体要求、实现途径、加强领导等文稿要素单挑出来研读。这里以文章开头和结尾为例谈谈具体做法。

俗话说，“万事开头难。”写文章，开头尤为重要。西晋的陆机在《文赋》中明确提出：“立片言以居要，乃一篇之警策。”元末明初的陶宗仪在《南村辍耕录》中把“乐府诗”的起句比作“凤头”，要求美丽动人。明朝的谢榛在《四溟诗话》中说，“凡起句当如爆竹，骤响易彻。”意思是开头要像爆竹那样响亮，使人为之一振。清朝的李渔在《闲情偶寄》中说得更明白，“开卷之初，当以奇句夺目，使之一见而惊。”高尔基说，“开头第一句是最难的，好像音乐里的定调一样，往往要费好长时间才能找到它。”列夫·托尔斯泰很重视作品的开头，他的《战争与和平》开头做过15次修改；《安娜·卡列尼娜》开头也用了10种不同的写法后，才确定为“幸福的家庭是相似的，不幸的家庭，各有各的不幸”这句经典。

文章开头的种类很多。根据行文需要，可以开宗明义地说明写作缘由，可以单刀直入地揭示文章主题，也可以提纲挈领地概述全篇要义。如，有的开门见山、直入主题。毛泽东的《改造我们的学习》开篇一句便是，“我主张将我们全党的学习方法和学习制度改造一下。”邓小平的《在全国科学大会开幕式上的讲话》开宗明义，“科学技术是第一生产力，这是马克思主义历来的观点。”胡锦涛总书记在庆祝中国共产党成立90周年大会上的讲话鲜明直接：“今天，我们在这里隆重集会，同全党全国各族人民一道，庆祝中国共产党成立90周年，回顾中国发展进步的伟大历程，瞻望中国发展繁荣的光明前景。”有的叙述深情、感染人心。恩格斯在马克思墓前的讲话就是如此：“3月14日下午两点三刻，当代最伟大的思想家停止思想了。让他一个人留在房里还不到两分钟，当我们进去的时候，便发现他在安乐椅上安静地睡着了——但已经永远地睡着了。”有的旁征博引、文美理深。温家宝在十一届全国人大三次会议记者会讲话开头说：“今后几年，道路依然不平坦，甚至充满荆棘。我们应该记住这样一条古训：行百里者半九十。不可有任何松懈、麻痹和动摇。同时我们要坚定信心，华山再高，顶有过路。”在具体的写法上，有的开门见山，“今天讲四个问题”。有的非常抒情，江泽民在首都各界迎接新世纪和新千年庆祝活动上的讲话，“2000年到来的钟声，就要鸣响在我们这个星球的寥廓上空。人类文明的发展，即将进入一个新世纪，开启一个新千年。今夜，在世界的东方和西方、南方和北方，各国人民无分民族、无分信仰，都在为这一历史时刻的来临而欢欣鼓舞。”开头虽短，但却是文章的“序幕”、“起点”和“定调子”的所在。话头起好了，一顺百顺。切入正题以后，可以在思想的天地里纵横驰骋，阐发深刻的道理。

结尾也非常难写，怎样为一篇文章画上休止符，是很讲究的。结尾有总结型、祝愿型、希望型、号召型，结尾的几句话看似简单，却不是随便写的。像领导讲话，有的地方封闭落后，就要号召它解放思想，大胆探索；有的部门铺张浪费，就要号召它艰苦奋斗、勤俭节约；有的单位领导班子不团结，就要号召它团结一心、协力共进，等等。具体的写法，有的以总结结束，比如邓小平在中央顾问委员会第一次会议上的讲话，“总之，顾问委员会怎么做工作，怎么起作用，是个新问题。相信我们这些老同志会处理得很好。”有的以祝愿结束，比如“祝同志们工作顺利，身体健康，阖家幸福！”有的以展望结束，比如“我相信，有党和政府的关怀，有全国各地的支援，有你们自己的奋斗，今后的日子一定会越来越好。”有的以号召结束，比如“希望你们积极投身到恢复生产和灾后重建的各项工作中去，为夺取抗震救灾斗争的全面胜利作出新的贡献。”有的以鼓动结束，比如郭沫若《科学的春天》，“这是革命的春天，这是人民的春天，这是科学的春天！让我们张开双臂，热烈地拥抱这个春天吧！”

按照文章开头、结尾的不同种类，我平时留心搜集，随时合并同类项，然后体会它们有什么异同，把这些异同总结出来，也就自然领悟了文章开头、结尾的写法。虽然像这样分类研读是个慢活甚至是笨活，但却是厚积薄发的功夫。

二、注重借鉴

在字典中，“借”字众多意思中的一个就是跟别的人或事对照，以便取长补短或吸取教训，用一个词来概括就是借鉴。借鉴是提高写作能力的有效方法。秦牧在《艺海拾贝》中说，“‘有本有则’，借鉴、扬弃的道理，不仅对于诗歌是重要的，对于其他一切文学体裁的创作，我想，也都是重要的。”鲁迅的《狂人日记》从题目到整体形式上都借鉴了俄国作家果戈理的同名小说。但鲁迅不仅在思想内容方面表现得更为“忧愤深广”，把矛头直接指向封建礼教，而且在艺术手法上，很好地运用了中国传统的白描手法。《狂人日记》不仅成为中国第一篇白话文小说，也成为标志中国文化现代性的重要里程碑。苏轼也曾将韩愈的《听颖师弹琴》隐括为《水调歌头》。韩愈的诗中有“呢呢儿女语，恩怨相尔汝”。苏轼的词中是这样表述的，“呢呢儿女语，灯火夜微明。恩怨尔汝来去，弹指泪和声”。虽然语言与内容都极为相似，但苏轼词的情感和色彩比原诗更多了深情，同时开创了隐括这一方式的先河。

在写作上，名家大师的风格不是一朝一夕就可以学会的，但如何取材、如何布局、如何行笔是可以借鉴的。就像画家的笔力不可能一朝学成，但画家的选材、布局是观赏者一目了然的，使用的结构、笔法是可以依样画葫芦的。功力虽不到位，但架子已成。跟着高人走，能较快找到入门的途径，站到较高层次的起点，粗者可有几分模样相似，精者可得几分精髓神似。从这个角度讲，借鉴也是迅速提高写作水平的一条路径。

对写文章来说，一定要注重借鉴经验。俗话说，“山外有山、天外有天”，“莫道君行早，更有早行人”。善于学习借鉴他人长处，可取长补短，大大缩短自己攀登的过程。古往今来，文章大家们孜孜以求为文之法，在写下大量精美篇章的同时，也总结出许多可资借鉴的写作经验。我们党的历史上有很多“大秀才”，就在文稿起草上留下许多经验之谈。如，胡乔木主张为党中央做文稿服务，“除了科学性、逻辑性之外，还要给人以美感，给人以愉快”。田家英对第一次参与 1961 年《中共中央关于城乡手工业若干政策问题的规定》《中共中央关于改进商业工作的若干规定》两个文件起草工作的同志说：“起草这类政策性规定性的文件，与起草一般的报告稿或写文章要求不同，不能讲很多道理，不能作很多论述，而是要每一条规定都明确写清楚应该怎么办，准许干什么、不准许干什么，使人看了一目了然，便于执行。”乔冠华认为，写文稿一定要写出几句新句子来，写出一些新思想来。要发挥汉语的优势，善于用短句，念起来朗朗上口、有力量，用上几句能够传神的成语就更好了。他还认为，读古文可以简练文字，有助于写电报和撰写发言；读诗可以增强气质，给写文章起灵感铺垫作用；读中外名著可以增加文采，使文章更加夺目。借鉴这些文稿写作的经验之谈，无疑对我们从事文稿起草大有裨益。

国外一些优秀撰稿人的做法也可借鉴。乔恩・费夫洛是美国总统奥巴马的撰稿人，也是白宫有记载以来最年轻的首席讲稿撰写人。为更好地吃透奥巴马的理念，将其内涵完美地表达出来，费夫洛无论去哪里，总是带着奥巴马的自传《父辈的梦想》，从中寻找思想灵感。为使奥巴马的演讲更富感染力，费夫洛细心研究并突出奥巴马的演说风格和特色，令演讲句式结构和节拍韵律更现代更时尚，使得奥巴马的演说内容包含历史，放眼未来，风格自然流畅、清脆利落，给人耳目一新的感觉。奥巴马的经典口号“Yes，We can”就是出自费夫洛的巧思。费夫洛工作非常专注，并且经常考虑到很多突发因素。他曾为奥巴马准备了两篇大选演讲稿：一篇为庆祝胜利，另一篇则为落选而备。在为奥巴马准备就职演说时，为准备资料，费夫洛每天工作 16 个小时，并耗时几星期走访历史学家、演讲专家，研究往届总统的就职演说和评论。初稿出来后，又反复修改四五稿后才最终定稿。

三、勤于总结

文无定法，确有成规。北宋沈括在《梦溪笔谈》中说："或问文章有体乎？曰无。又问无体乎？曰有。然则果如何？曰：定体则无，大体则有。"就公文而言，无论是在语言和素材的运用上，还是在整体结构和格式上，均有其特点和规律。同时，不同体裁的公文还有各自不同的特点和规律，讲话与条例、通知与总结、决议与大事记、批复与调查报告，差别很大。因此，不论是公文的总体规律还是不同体裁公文的个体规律，都要努力去掌握。只有掌握了这些规律，写起公文来才能得心应手，至少可以做到写什么像什么。而要真正掌握这些规律，需要在实践的同时勤于总结。只有不断进行总结，日积月累，孜孜以求，才能逐步透过现象看到本质，获得规律性的认识。

俗话说，"一千个人心中有一千个哈姆雷特"。每个人的知识构成、生活阅历、思维方式都不同，所以，把自己写的文章拿出来让别人改，常常会得到一些意想不到、豁然开朗的见解。比如，起草一些重要的机关文稿往往由一个起草小组分工合作来完成。一般初稿完成后，由牵头人对初稿进行审改。牵头人从主题是否突出，观点是否正确，结构是否合理，内容是否充实，材料运用是否得当，文字表述是否准确简练，篇幅是否适中，是否符合领导风格等方面加以把关。有的文稿视具体情况，还会再交大家集体讨论修改。如果能用心体会总结这当中的修改意见，想想为什么这样改，自己为什么没有想到，会受益匪浅。这样总结下来，一个人就等于有了几个人的写作经验，会进步很快。

勤于总结，要坚持打一仗总结一次。要善于从领导同志修改的地方悟道理，从每次成功的经验中找窍门，从屡次失败的地方查原因，真正做到举一反三，触类旁通。"发现问题就是水平，解决问题才能进步。"有个公司总经理要调个助手，人事部经理拿来一个人的卷宗，说这个人在咱们公司 10 年了，没犯错误。总经理说，我不要这样的人，我要犯 10 次错误每次都能改正的人。这个故事很能启发我们。初写稿子，不可能不出错误，要做到哪里跌倒就要在哪里爬起来，稿子写成功喜悦，稿子写失败改正了、有了真正提高是更大的喜悦。我认为，仔细研究领导最后使用的稿子和我们最初起草稿子的差距，这样提高得最快、最直接。

“本立而道生”，方法的方法比方法更重要。希望每一个爱好文章写作的人，都能总结出一套适合自己的写作方法。

读万卷书写万篇文

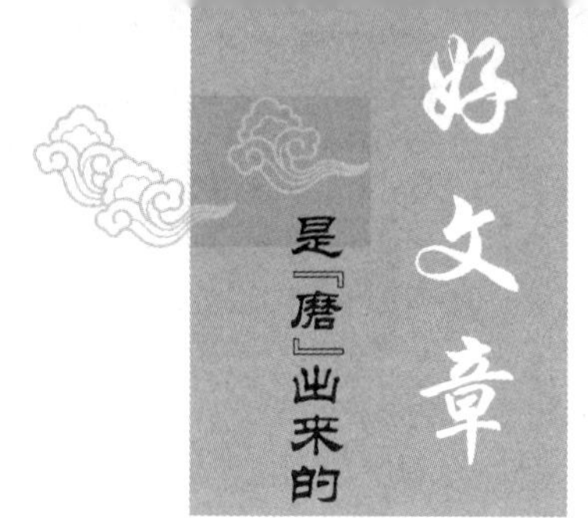

中国有句老话，“读万卷书，行万里路”。读万卷书，是读有字之书；行万里路，是读无字之书。这都是提高人生修养的必经之路。现在，我还要加上一句“写万篇文”，因为读书也好、行路也罢，其中的收获都需要通过写文章来体现、来检验。从这个意义上说，“写万篇文”的重要性不亚于“读万卷书”和“行万里路”。

“读万卷书”与“写万篇文”是一个相互依存、相互促进、相互交融的良性互动过程。一方面，“读万卷书”是“写万篇文”的基础，通过阅读，获得新知识、了解新思想、树立新观念，能有效提高写作的准确性、深刻性、创造性；另一方面，写作是读书的深化，通过写作，有利于把零散的东西变成系统的、把孤立的东西变成联系的、把粗浅的东西变成精深的、把感性的东西变成理性的。只读书不写作，读书的成果难以体现出来。只写作不读书，在写作上就不会有后劲，不会有发展。做到“读万卷书写万篇文”，是一种很高的境界。这里，我谈谈自己的三点认识。

第一点认识，“工欲善其事，必先利其器”，写万篇文须先读好万卷书，打牢坚实的基础。

首先，我们要爱读书。宋朝初年，宋太宗命人编写了一部规模宏大的分类百科全书《太平总类》。对这部巨著，宋太宗规定自己每天至少要看两三卷，一年内全部看完，遂更名为《太平御览》。有人觉得皇帝每天要处理那么多国家大事，还要去读这么部大书，太辛苦了，就去劝告宋太宗少看些，以免过度劳神。宋太宗却回答说，“开卷有益，朕不以为劳也”。于是，宋太宗坚持每天阅读，有时因国事忙耽搁了，也要抽空补上。当时的大臣们见皇帝如此勤奋读书，纷纷效仿。宰相赵普每天下朝回家后，便关起门来孜孜不倦研读《论语》，终有所得，被后人称作“半部论语治天下”。汉代思想家王充说，“人不博览者，不闻古今，不见事类，不知然否，犹目盲耳聋鼻痈者也”。清代万斯同说，“尽读天下之书，尽通古今之事，然后可以放笔为之”。面对知识的汪洋大海，要做到读尽天下书，怕是很难。但是，苏轼那种“别来十年学不厌，读破万卷诗愈美”的气魄和毅力，我们却是需要的。书是先贤经验的结晶，是智慧之门的钥匙。读书有益，多读博知。

写作者的精神世界与读书有密切关系。许多文章大家同时是大学者或酷爱读书的人。如以《史记》流传于世的司马迁，既是史学家又是文学家、地理学家、档案学家。以词章著称的郭沫若，也是集戏剧家、考古学家、医学家、科学家、社会活动家于一身。林语堂学贯中西，是20世纪中国文学史上屈指可数又卓有成就的双语作家。他早期主要用中文写作，中期主要用英文写作，晚年又恢复中文写作，无论是中文还是英文，都堪称风靡一时，影响久远。在《八十自叙》里，林语堂说自己“什么都看，希腊、中国和现代作家的作品：宗教、政治、科学，无所不包。他爱读《纽约时报》的‘标题’栏和《伦敦时报》的第四社评；也爱看‘花边’新闻和科学、医药新闻”，从中不难窥到他对读书的喜爱。

毛泽东一生酷爱读书。他身边的工作人员回忆说，毛泽东为了读书，利用了一切可以利用的时间：吃饭前后、游泳下水之前活动身体的几分钟和上岸后的几分钟、会议的间隙、接见外宾的休息时间、乘车乘机途中、生病卧床期间甚至上厕所时，所有人们能够想到和想不到的时间，他都利用上了。即使在即将走到生命的终点、医生抢救的情况下，他还在索要书看。毛泽东曾提出：“让读书学习占领工作以外的时间。”他是这么说的，也是这么做的，他经常对身边的同志讲，“饭可以一日不吃，觉可以一日不睡，书不可以一日不读”。

读书的收获是精神世界的拓展，这对写作的助益是全方位的。“熟读唐诗三百首，不会作诗也会吟”“读书破万卷，下笔如有神”“劳于读书，逸于作文”。这里的“会吟”“有神”“逸于”都是建立在“熟读”“破万卷”“劳于”的基础上的。因此，要养成读书的爱好，使读书成为生活的基本需要，不读书就感到欠缺和不安。古人说，“三日不读书，便觉语言无味，面目可憎。”三日不读书，就觉得自惭形秽，要有这样的感觉。

其次，我们要读好书。古今中外的书籍，浩如烟海。苏轼在

《又答王庠书》中说，“书富如入海，百货皆有之，人之精力，不能兼收尽取，但得其所欲求者尔”。意思是，面对如汪洋大海的书籍，人的精力是有限的，不能同时兼收并取，应精选自己所需要的。清末张之洞写过一本叫《书目问答》的书，目的之一是告诉人们读书要有选择，选择好书读，不好的书不读。读书的面要广，读书的档次更要高。读书的档次大体上决定了写作的档次。经常读什么书，会形成一种精神趣味和格调，写作时就会不由自主地跟着走。

读好书首先要选择有真知灼见的经典著作来读。这些著作经久不衰，是同类作品中经过历史选择的最有价值、最具代表性、最精美的传世之作。刘勰在《文心雕龙》中说，“三极彝训，其书曰经。经者，恒久之至道，不刊之鸿教也”。意思是说，阐释天、地、人这些常理的书谓之“经”。同时，“经”也是至高无上的道理、不可磨灭的训导。而“典”有模范、典范之义。“经”和“典”两个字合起来可以简练概括为：先贤智慧的总记载，文化精华的总记录。意大利文学家卡尔维诺说，“经典”就是那些你经常听人说“我正在重读”，而不仅仅是“我正在读”的那些书。阿根廷作家博尔赫斯说，“经典是一个民族或几个民族长期以来决定阅读的书籍，是世世代代的出于不同的理由，以无限的热情和神秘的忠诚阅读的书”。读经典作家的经典作品，会对写作有很大帮助与启发。如果说写作之人师出有门，那么老师就是经典作家的经典作品。

最后，我们要用心读。有这样一个故事，说有一个徒弟去问师傅，一碗米的价值是多少？师傅说，这要看在谁的手里，要是在一个家庭主妇手里，她往里加点水，蒸一蒸，半个钟头一碗米饭出来了，就是一块钱的价值。要是在有点脑子的小贩手里，他把米好好泡一泡发一发，分成四五堆，用粽叶包成粽子，就是四五块钱的价值。要是到一个更有头脑的商人手里，把它适当地发酵、加温，很用心地酿造出来，一瓶酒有可能是一二十块钱的价值，所以一碗米的价值到底是多少，这要因人而异。读书也是一样。如果把一本书比作一碗米，我们读时用的心思越多，收获就会越大。“读”而不思则罔，书读的再多，如果不进行思考，贩卖的都是别人的东西，至多被别人赞为“活字典”，起的也只是“传声筒”“留声机”的作用。只有在读中深入进去，如蚕食桑叶一般，多多地吃，细细地嚼，静静消化，变成自己的东西，才能吐出闪亮的丝。

要使读书有助于写作，须养成勤写的习惯。边读书边写作，特别是记录下读书时浮现的感触、随想、联想，对提高文字水平会大有裨益。尤其是那些感想，哪怕它们看似与正在读的书毫无关系，也要及时记录下来，因为愈是这样它们也许对你就愈有价值。《论德谟克利特的自然哲学和伊壁鸠鲁的自然哲学的差别》是马克思的博士论文。马克思在柏林大学读四年级时曾休学一年，专门研究这两位古希腊先哲的学说，做了10余万字的笔记。这成就了后来这篇精彩的、也是马克思本人思想形成过程中的很重要的文章。毛泽东受益于老师徐特立的影响，更是“不动笔墨不看书”。他读过的各种书籍，总是画满了不同颜色的杠杠圈圈，写满了不同年代的读书批语、批注。一本《辩证法唯物论教程》，毛泽东就写下了1.2万多字的批注。毛泽东后来许多闪光的思想正源自这些杠圈、批语、批注。

第二点认识，“只要功夫深，铁杵磨成针”，文章需多练，文作万篇，功到自成。

清代唐彪曾作《文章惟多做始能精熟》一文说，“学人只喜多读文章，不喜多做文章；不知多读乃藉人之工夫，多做乃切实求己工夫，其益相去远矣。人之不乐多做者，大抵因艰难费力之故；不知艰难费力者，由于手笔不熟也。若荒疏之后作文艰难，每日即一篇半篇亦无不可；渐演至熟，自然易矣。又不可因不佳而懈其心，懒于做也”。意思是说，人们往往只喜欢多读别人的文章，不喜欢自己多写文章；却不知多读别人的文章是假借别人写文章的本领，自己多写文章才能切切实实增长自己写文章的技能，这之间的好处相差很大。人们不喜欢自己多写文章，大都由于写文章艰难费力的缘故；却不知之所以艰难费力，正是因为写作技能不熟练。如果荒疏后写文章会更困难。每天可写上一篇半篇，逐渐练习直到熟练，自然就会觉得容易写了，切不可因为写得不好就心意懈怠而不想去写。文章不仅要多读，更要多写。多动笔，勤写、善写、不怕写，形成浓厚的兴趣，才能成为文章高手。郭沫若曾总结了这样一个规律，“勤学苦练看来还能促使才能的发展，一般说来，生理上的任何组织都受‘用进废退’的原则支配。我们如果经常运用大脑神经中的某一部分神经中枢，这一部分就得到进一步的发展”，“齐白石拿起笔来在纸上点几点，就能美妙地画出栩栩如生的在空中飞着的小鸟，或是在水中游着的小虾，看来这似乎是奇迹，实际上是他的训练。熟则生巧，使他的手和神经细胞长期受到熟练，有着最完美、最迅速的反映，能够得心应手，着手成春”。其他事情是这样，写文章也是如此，常写常练就会不断地强化人整合多种积累的意识和能力，促使写作水平不断地提高。

多写有助于保持清晰的思维，有助于更有条理的思考，增加思考的深度。很多自认为明白的道理，如果不写出来，其实仍是隔着一层。多写还可以锻炼谋篇布局的能力，进而使做事情也更有层次。所以，会写的人往往也都会做事，因为二者背后的思维方式是相通的。会写文章的人做事常常更为周密、严谨，所以很多文章高手往往都是各个方面、各个领域的领导。我有一位亲戚在县里工作，过去很少从事直接的领导工作，被安排到一个重要的业务局担任主要领导。有人担心他不适应，事实上他干得非常出色。我认为这与他从事文稿写作出身、考虑问题周密有直接关系。

写作能力的提高源自身经百战乃至千战的实战。苏轼《东坡志林》中记载了这么一个故事，“顷岁孙莘老识欧阳文忠公，尝乘间以文字问之，云：‘无他术，唯勤读书而多为之，自工。世人患作文字少，又懒读书，每一篇出，即求过人，如此少有至者。疵病不必待人指摘，多作自能见之。’”契诃夫有句名言，“写，只有写，你才会写”。老舍也说，“熟才能生巧。写过一遍，尽管不像样子，也会带来不少好处。不断地写作才会逐渐摸到文艺创作的底。字纸篓子是我的密友，常往它里面扔弃废稿，一定会有成功的那一天”。这就告诉我们，要不怕失败，正确看待失败。有失败不可怕，关键是要找对问题加以解决，避免以后出现同样的问题。没有人生来就会写文章，生来就文思泉涌。只有从自己的实际出发，一个问题一个问题地解决，一条经验一条经验地积累，才能不断前进。

第三点认识，“器必试而后知其利钝，马必骑而后知其良驽”，读书与写作都离不开实践的检验与指导。

“实践是检验真理的唯一标准”，对于读书和写作来说，实践的检验也非常重要。如果把文章比作一棵树，它必须要植根于生活的热土。凡是扎根土中结结实实生长的，才会成为根深叶茂的大树；

而凡是虚插于土中一拔就出的，只能成为弱苗。通过实践可以很好地检验“读万卷书写万篇文”是否扎实。顾炎武的一生可谓“读万卷书写万篇文”。他从10岁起就读《孙子》《左传》《史记》《资治通鉴》等经典。但顾炎武并不闷头死读，更不人云亦云，随声附和。他的《日知录》《营平二州史事》《昌平山水记》《山东考古录》《京东考古录》等著作都是实地考察和书本知识相互参证，认真分析研究以后写成的。他凡立一说，必广求证据，反复辨析，常用归纳法得出正确的结论。顾炎武把写书比作“铸钱”，他鄙弃抄袭古书、改铸古人的旧钱，认为正确的方法是自己去“采山之铜”。上世纪80年代，作家路遥在创作《平凡的世界》期间，曾顶着巨大的压力，包括有些好友都对他的创作产生怀疑，认为现实主义的写作是没有出路的。但路遥坚信只要站在人民大众的立场，反映生活、反映实践，一定能创作出好的作品。这部路遥深入矿区体验生活写出的长篇巨著，全景式地展现出中国当代城乡社会生活的画卷，深刻地揭示了普通人在大时代进程中所走过的艰难曲折的道路。整部作品读来令人荡气回肠，不忍释卷，成为激励千万青年的不朽经典。

对于机关文稿来说，更离不开实践的检验和指导。魏礼群曾撰文指出，“一般来说，一篇文章只要做到观点鲜明、思路清晰，内容翔实、重点突出，论证有力、分析透彻，见解新颖、思想深刻，文字准确、语言流畅等，就应属于上乘之作。但从党政机关调研工作的特点看，仅此是不够的，还必须满足政策性、针对性、应用性和操作性等方面的要求。‘文可载道，以用为贵’。衡量党政机关研究部门调研成果质量的高低，归根结底是要看这些成果有无使用价值，能否进入决策、变成政策，以及在实际工作中发挥多大作用、解决多少问题。一项调研，无论功夫下得多深、文章写得多好，做不到‘语当其时，策当其用’，无助于领导决策和实际工作，就很难称之为精品力作”，“调研精品还必须经得起实践检验和历史考验，既要适合应用，又能‘开花结果’；不仅有较高的即时实践价值，从未来看也要站得住、立得稳、走得远。”

“读万卷书”与“写万篇文”犹如鸟儿的两只翅膀，只有一起振动，才能展翅翱翔。

盛世出文章

锦绣文章往往与盛世联系在一起，我们平时读到的一些经典作品，无论是大气典雅的唐诗还是秀丽精工的宋词，都出自盛世。盛世往往是文治的时期，是文化昌盛的时期，是文章大放异彩的时期。这是有内在原因的。在古代，中国人讲究文治武功，先是“骑马打天下”，然后“下马治天下”，企望通过文化的繁荣、文章的教化开创太平盛世。西汉初年经过“文景之治”，到汉武帝时出现盛世，这绝不是偶然的，与刘邦时代由武功到文治的决定性转变是分不开的。根据史料记载，几次盛世期间，国家经济繁荣、社会安定、政局稳固、国力强大、版图完整。同时，历史上的盛世如周朝初期、汉武帝时期、唐代的开元时期、明代初期、清代康乾时期，也都是产生锦绣文章的时期。反映这些时代的作品，往往充溢着盛世气象。可以说，乱世出英雄，盛世出文章，而且出的是锦绣文章。

汉代“文景之治”及以后的汉武帝时代，形成了独具特色的汉赋、散文等。其中贾谊的《过秦论》、《论积贮疏》，枚乘的《七发》、司马相如的《子虚赋》均是传世佳作。《史记》这本我最喜欢的书也是出自西汉盛世。该书是一本历史著作，也是一本文学著作、一本地理著作、一本科学著作，可以说是那个时代的一部百科全书。如果不是在盛世，这样的百科全书是绝对不可能写出来的。唐代“开元盛世”，唐诗达到了前所未有的高度，李白、杜甫、王维、孟浩然等都出现在这一时期。唐玄宗选用的姚崇、宋璟、张九龄等重臣，不但治国才能卓越，而且文采也很出众。写就“锄禾日当午，汗滴禾下土”这一悯农名句的李绅，也是一位很有学识的治国之才。明代“永宣之治”，永乐皇帝朱棣召集3000多人编纂了《永乐大典》，辑录了上自先秦、下至明初的8000余种古书资料，在这部书的旗帜下汇聚了历代文章大家的无数思想精华。清代“康乾盛世”涌现了《红楼梦》《古今图书集成》《四库全书》等重要文化成果，其文化成就一直深刻影响到现代。

别的国家在不同的盛世也出了不少好文章。古希腊文明兴盛时期，产生了苏格拉底、柏拉图等哲学大师，出现了《荷马史诗》《伊索寓言》、希腊神话、希腊悲喜剧等经典。意大利文艺复兴时期产生了达·芬奇、米开朗基罗、拉斐尔艺术三杰，出现了但丁的《神曲》、薄伽丘的《十日谈》、马基雅维利的《君主论》等名著。第一次世界大战以后，美国崛起并在文化上取得巨大成就，其中有不少具有广泛影响的文学作品，如海明威的《老人与海》就是一部广受好评的作品，它是海明威根据自己在古巴生活多年的经历，以渔民富恩特斯为素材创作的，作品中的最后一句话"人可以被摧毁但不能被打败"，激励了无数人的斗志。此外，大中学生经常朗诵的许多英语美文大都反映了美国当今的盛世文化。

当然，动荡时期也不乏好文章的出现，但与盛世华章在意境、氛围方面均有明显不同。人们常常说"愤怒出诗人"，像文天祥的"人生自古谁无死，留取丹心照汗青"，谭嗣同的"我自横刀向天笑，肝胆相照两昆仑"，闻一多的《七子之歌》，吉鸿昌的"恨不抗日死，留作今日羞。国破尚如此，我何惜此头"，都说明了这一点。战争还成就了不少"流行歌曲"。如《喀秋莎》在苏联卫国战争中走红，《马赛曲》在法国大革命中传唱，《义勇军进行曲》在中国抗日战争中成为最著名的抗战歌曲。这些歌曲可以看作是另一种形式的文章。但在衣食堪忧甚至性命难保的情况下，要拿出大块时间、宁静的心态来著书立说是不现实的，而太平盛世就为文化发展创造了条件。尤其是写文章作为创造性劳动需要一定的物质条件、文化氛围乃至闲情逸致，要在不经意之间闪现灵光。

为什么盛世出文章？我认为，大概有以下几个具体原因：首先，盛世具备优良宽松的创作环境。特别是在杰出人物主政的时代，一般都重视文章之学，颁布许多有利于文学的政令，鼓励文人创作，而科举制度的盛行又为文人创作添加了一条以文辅政的道路，无疑起到了助推作用。除此之外，盛世多言论自由，在言论自由的时代，自然会有精品佳作产生。唐代魏征直言敢谏，这在其他朝代恐怕是不可能的。其次，盛世更能诞生才华横溢的作家。生于乱世，很多具备才能的人被埋没，或生不逢时，或怀才不遇。而盛世则给了这些才子得以生存的基本物质条件，当他们不再为生存而焦虑时，自然就会将注意力转移到创作方面。余光中曾说：“文学是闲出来的。而这个闲不是偷懒，你要有一点闲情，才能够‘举头望明月’，能够欣赏月色。如果太忙，你恐怕头都举不起来了。”他所讲的道理，是不言而喻的。再次，盛世是和谐、理性、科学的时代，反映在文化创作上也必然有一种盛世风度。盛世的人们自然会发现社会生活方方面面的美好，文人就容易妙笔生花，创作出反映五彩斑斓的现实生活的作品。最后，盛世有利于文章传播。鲁迅在《魏晋风度及文章与药及酒之关系》一文中说，“现在我们再看历史，在历史上的记载和论断有时也是极靠不住的，不能相信的地方很多，因为通常我们晓得，某朝的年代长一点，其中必定好人多；某朝的年代短一点，其中差不多没有好人。为什么呢？因为年代长了，做史的本是本朝人，当然恭维本朝的人物了，年代短了，做史的是别朝的人，便很自由地贬斥其异朝的人物，所以在秦朝，差不多在史的记载上半个好人也没有。曹操在史上的年代也是颇短的，自然也逃不了被后一朝人说坏话的公例。”我想文章也是这个道理。盛世下的文章往往会得到广泛传播，产生持久的影响。

当前，我们正在走向新的盛世。鸦片战争后中华民族历经磨难，饱经沧桑。在中国共产党领导下，中华民族正在走向伟大复兴。著名教育家、北京大学教授季羡林在上世纪 90 年代提出，“三十年河东三十年河西”，21 世纪将是中国的世纪。记得我那时刚刚参加工作，国际上对中国这个社会主义大国百般攻击，美国学者弗朗西斯·福山还提出“历史的终结”的观点。前两年，一位研究国际问题的专家对我说，“我们这些人都应该检讨”。我问为什么？他说：“10 年前我们这些研究国际问题的人，谁也没有预料到中国发展得这么快。”现在中国的 GDP 规模超过日本，位居世界第二，日本人、美国人、欧洲人看我们的眼光变得很复杂。当然，对于是否叫盛世，人们还有不同的看法。但是不管怎样，谁也不会否定我们的繁荣发展，中国的复兴是不可阻挡的。

当前的盛世来之不易，是几代人共同努力的结果，也是中华民族精神的体现。我们现在所处的时期较为和谐稳定，创作环境非常良好，信息资源也更加丰富。而这正是出文章的好时期，我们有责任通过写文章来描绘斑斓画卷、讴歌伟大时代、振奋民族精神。

第一，要讲好“中国故事”。如前文所说，文章被古人称为“经国之大业，不朽之盛事”，要反映时代变化和盛世气象。英国《经济学家》杂志在《长高的中国》一文中说，几十年来，中国创造了许多世界第一，如GDP增长率连续30年世界第一、外汇储备世界第一、电话用户世界第一……但或许很少有人想到，中国城市建设速度也是世界第一，全世界有70%的塔吊在中国忙碌。欧洲宇航局说，从太空看，夜晚的中国“变亮”了，不少地方从漆黑的荒原变成灯火通明的城镇。中国的变化还有很多：从吃不饱到喝减肥茶，从缴公粮到领补贴，从东亚病夫到体育大国，从“洋火”“洋油”到石油大国，从自我封闭到走向世界舞台中央……我们有责任把这些“中国故事”用文章生动地讲出来，不仅可以增强民族自豪感，还可以让世界更好地了解中国。

第二，要推出时代精品。文化的影响力要靠好作品，只有好作品大家才爱看，才能满足人民群众不断增长的文化需求。从数量看，我们已经是出版大国；但从内容看，精品却屈指可数。从某种程度上讲，我们还远没有创作出与我们经济社会发展相匹配的优秀作品。现在很多文章是“出口转内销”，发表以后无人问津，只有作者自己看，失去了文章本身的意义。有一个电影叫《一个人的战争》，套用这句话，现在很多文章是“一个人的文章”。当前网上很多文章都是“垃圾”，耗费人的时间和精力。极端地说，一些文章是迎合人性的弱点而写出来的，很多人沉迷于网上，整天被这些“垃圾”文章牵着鼻子走，这其实是很可悲的。老百姓需要的是像小说《平凡的世界》、诗歌《乡愁》这样的作品。贾平凹的不少小说有很多争议，但我对他写的《秦腔》这部长篇小说有很好的印象，它深刻地反映了农村社会转型的过程。如他讲到自己所在的村庄青壮年都出去务工，成了“空心村”，村里死了人，竟然凑不够人抬棺材，外出的人有的去挖煤窑，有的去搞建筑。村里经常有这样的场景，伴随着老人、妇女哭天喊地的哀号和吹吹打打的声音，从外面抬回来一口白木板做成的简易棺材。这是在外面打工死去的人，有的因矿难而死，有的从建筑工地坠落而死，给这些年轻人赔偿的钱多则两万，少则两千，极其可怜，就连这微不足道的钱，死者的母亲和媳妇也争得不可开交，打得头破血流。对这些场景的描写都很真实地反映了现代农村生活的情景，让人震撼。

第三，要体现忧患意识。盛世容易出现歌功颂德、阿谀奉承的文章，这些文章自古不乏其例，很多只是为了追求形式的华丽和文字的玩味，莺歌燕舞，富丽堂皇，没有多少实质内容，文章成了享乐的工具。清代的“十全老人”乾隆皇帝写了很多诗作，竭力歌颂他的文治武功，但是绝大多数缺乏生命力，没有流传下来，根本原因是这些诗反映的都是风花雪月，没有反映人民的疾苦，甚至有不少诗作是词臣拍马屁为他而作。如果文字只关心歌舞升平，而缺乏忧患意识，那么这类文章实为“文妖”。什么是“文妖”？这里举个例子。东汉时的昏君汉灵帝准备兴建规模宏大的御花园，宰相杨赐上书劝阻。汉灵帝打算停工，询问身边的宫廷侍从任芝、乐松，两人回答说：“从前周文王的御花园有一百华里，人们认为太小；齐宣王的御花园只有五华里，人们认为太大。所以，御花园实际的大小并不重要，重要的是君王是不是英明神武。如果一个君王足够英明神武，他的御花园再大，老百姓也不觉得大；如果一个君王不够英明神武，他的御花园再小，老百姓也觉得大。今天，陛下是如此英明神武，修建御花园只会得到老百姓的拥护和称赞，当然那些别有用心的人除外。”灵帝听了这样的马屁，龙心大悦，下令继续动工，阻止修建御花园的杨赐的下场则极为可悲。作家柏杨在评论这段历史的时候感叹说：“任芝、乐松的言论，使我们再见文妖。”历史上很多好文章都是有忧患意识的，值得我们很好地借鉴。我们要很好地学习，保持强烈的忧患意识，以科学的眼光分析自己面对的考验和危险，用我们笔下的文章真正反映民族复兴进程中的成就与挑战，使所写文章经得起历史的检验和读者的评判。

尾言絮语

这本小册子是专门谈怎样写文章的。文章，原为“纹章”，意指直接构成视觉形象的织造图样。古人对文章写作十分看重，把好文章说成“锦绣文章”，把文人的未来说成“锦绣前程”，对好文章十分推崇。千百年来，中国知识界流传一句话：不读《出师表》，不知何为忠；不读《陈情表》，不知何为孝。忠孝是封建道德标准。随着历史进入现代社会，这两《表》的影响力已在逐渐减弱，特别是《陈情表》，已鲜为人知。但有一个奇怪的现象，同样产生于封建时代的《岳阳楼记》却丝毫没有因历史的变迁而被冷落、淘汰，相反，它如一棵千年古槐，经岁月的沧桑，愈显其旺盛的生命力。而其作为范文，对国人的影响是无与伦比的。归纳起来有三条，一是教我们怎样做人；二是教我们怎样做官；三是教我们怎样写文章。从《岳阳楼记》就可以看出好文章所发挥的独特作用和产生的巨大影响。

中国是一个文章大国，历史上几乎每个名家大师、先贤圣儒，都把写文章作为一件十分神圣的事情，对怎样写文章作过论述。如何写文章是一门学问，但是写文章并没有一定之规，没有什么固定的套路，各人的方法也不尽相同。对“文章之学”，我始终抱着强烈的兴趣。我认为，“文章的文章比文章重要”，要写出好文章，就要研究“文章之学”。这里收集的20篇文章，就是自己所写的谈文章写作的文章。里面的内容，虽然不乏肤浅之处，却是自己多年感悟得来的。

千军易得，一将难求；千年易过，好文难有。写文章实则是很不容易的。古人说，“文无第一，武无第二”，武将比武，一定能够分个高低，写文章则永远没有最好，只有更好；谁也不能说自己的文章是最好的，因为“山外有山，天外有天”。而且，一个人写文章是永远没有止境的。古人说：“涉浅水者见鱼虾，涉深水者观蛟龙。”王安石在《游褒禅山记》中说得好：“入之愈深，其进愈难，而其见愈奇。”能不能这样说，文字写作可以分为三个阶段。第一阶段是“文通字顺”，有很多即使多次参与文章写作的朋友，还不能做到这一点。第二阶段是“登堂入室”，能够结合实际工作运用政策，初步胜任文章写作需要。第三阶段是“出神入化”，具有深厚的理论功底和政策水准，能够结合实践实现理论、工作、文字的创新，写出精品力作。

写文章作为一门综合性的大学问，是有规律可循的，是可以通过长期的学习实践和潜移默化去感悟和提高的。关公的大刀再厚，刀刃也只是薄薄的一线；张飞的丈八蛇矛再长，矛锋也只是尖尖的一点；文章写作的门再难进，也只是那么一道槛。只要大家养成浓厚的兴趣、找到正确的方法、付出扎实的努力，就一定能够成为文章写作的行家和高手。

写文章也是十分快乐的事情。我们每个人都有这样的感受，只有自己喜欢的事情做起来才有动力，才能做得出色，才能在成功中产生强烈的自豪感，享受到成功的愉悦。如果我们把文章写作当成一项神圣的事业，把写作的文稿当成自己的宝贝，以此为乐，乐此不疲，就能产生强烈的光荣感、成就感，就能形成兴趣与工作的良性互动和良性循环。真正出神入化的高手，往往把文章写作当成人生的修养，视作自己生命的一部分。提高文章写作水平，需要每个人不断摸索、不断感悟、不断收获喜悦。

在写作过程中，得到了一些同志、朋友的热情帮助，为我提供了材料或作了补充修改；同时参考了有关文章资料。在此一并表示衷心的感谢。

作　者

2012 年 4 月